난생처음 재테크

카드뉴스로 보는 재테크의 핵심

난생처음
재테크

정환용 지음

매일경제신문사

재테크가 '난생처음'인 당신에게

재테크가 '난생처음'인 사람들을 위해 썼어요.
실생활에 바로 도움이 될 수 있게 썼어요.

재테크 책은 어렵다는 생각!

이 책으로 인해 깨졌으면 좋겠습니다.

 책 읽고 모르는 게 생기면
저한테 바로 물어보세요!

카카오톡 · 유튜브: '정센세' 검색
페이스북: www.facebook.com/2030boo
블로그: blog.naver.com/88boo

CONTENTS

난 생 처 음 재 테 크

1부

평균,
그 이상
혹은 이하

1

돈,
왜 모아야 할까?

이윤 추구를 목적으로 하는 자본이 지배하는 경제체제

세계 대부분의 나라는
이 자본주의 체제 아래서
경제생활을 영위합니다.

자본이 지배하는 경제체제.
즉, **돈이 지배하는 사회**입니다.

이미 어릴 때부터
느끼고 경험하고 체감하는 **돈의 위력!**

실제로 나이가 찰수록, 사회 경험이 많아질수록,
결혼이 가까워질수록, 자녀가 커갈수록,
은퇴가 다가올수록 더욱 뼈저리게 느낍니다.

'돈의 힘'

'결혼은 현실',
돈의 힘을 가장 잘 나타내는
말입니다.

연애 상대와
결혼 상대의 차이점 중
큰 비중을 차지하는 게
'능력과 돈'이니까요.

뻔한 말이고 다 아는 말이지만
이 사실을 간혹 잊는 건지,
아니면 의도적으로 잊는 건지 모를
행태가 요즘 많습니다.

모든 걸 포기하고,
미래에 대한 걱정은 접어 두고,
현재에만 충실하면 현실의 벽은 점점 높아집니다.

그 벽을 조금이라도 낮추는 방법 중
가장 쉬운 일은 '저축'입니다.

물론 돈이 있든 없든 행복할 수 있습니다.
하지만
돈이 있다면 행복은 **50%**에서,
돈이 없으면 행복은 **0%**에서 시작합니다.

돈이 있다고 다 행복한 것은 아니지만
돈이 없으면 불행합니다.

그게
자본주의사회입니다.

우리,
불행보다는 조금이라도
행복의 가능성을 높여야 하지 않을까요?

연봉, 월급, 실수령액
한눈에 알아보자

연봉, 월급, 실수령액 한눈에 보기!

연봉	월 급여액	공제액	실수령액	
		월 공제액 (월 급여 대비 공제 비율)	월 실수령액	연 실수령액
1,000만 원	833,333	61,440(7.37%)	771,893	9,262,720
1,100만 원	916,667	68,420(7.46%)	848,247	10,178,960
1,200만 원	1,000,000	75,440(7.54%)	924,560	11,094,720
1,300만 원	1,083,333	82,410(7.61%)	1,000,923	12,011,080
1,400만 원	1,166,667	90,610(7.77%)	1,076,057	12,912,680
1,500만 원	1,250,000	98,930(7.91%)	1,151,070	13,812,840
1,600만 원	1,333,333	107,120(8.03%)	1,226,213	14,714,560
1,700만 원	1,416,667	115,890(8.18%)	1,300,777	15,609,320
1,800만 원	1,500,000	124,850(8.32%)	1,375,150	16,501,800
1,900만 원	1,583,333	133,610(8.44%)	1,449,723	17,396,680
2,000만 원	1,666,667	142,470(8.55%)	1,524,197	18,290,360
2,100만 원	1,750,000	151,530(8.66%)	1,598,470	19,181,640
2,200만 원	1,833,333	160,310(8.74%)	1,673,023	20,076,280
2,300만 원	1,916,667	169,110(8.82%)	1,747,557	20,970,680
2,400만 원	2,000,000	178,170(8.91%)	1,821,830	21,861,960
2,500만 원	2,083,333	187,010(8.98%)	1,896,323	22,755,880
2,600만 원	2,166,667	196,810(9.08%)	1,969,857	23,638,280
2,700만 원	2,250,000	207,010(9.20%)	2,042,990	24,515,880
2,800만 원	2,333,333	216,800(9.29%)	2,116,533	25,398,400
2,900만 원	2,416,667	226,800(9.38%)	2,190,067	26,280,800
3,000만 원	2,500,000	238,810(9.53%)	2,261,870	27,142,440
3,100만 원	2,583,333	252,160(9.76%)	2,331,173	27,974,080
3,200만 원	2,666,667	266,580(10.00%)	2,400,087	28,801,040
3,300만 원	2,750,000	282,060(10.26%)	2,467,940	29,615,280
3,400만 원	2,833,333	296,560(10.47%)	2,536,773	30,441,280
3,500만 원	2,916,667	311,060(10.66%)	2,605,607	31,267,280
3,600만 원	3,000,000	326,560(10.89%)	2,673,440	32,081,280
3,700만 원	3,083,333	341,070(11.06%)	2,742,263	32,907,160
3,800만 원	3,166,667	356,030(11.24%)	2,810,637	33,727,640
3,900만 원	3,250,000	372,110(11.45%)	2,877,890	34,534,680
4,000만 원	3,333,333	389,820(11.69%)	2,943,513	35,322,160

연봉	월 급여액	공제액		실수령액	
		월 공제액 (월 급여 대비 공제 비율)	월 실수령액	연 실수령액
4,100만 원	3,416,667	408,900(11.97%)	3,007,767	36,093,200
4,200만 원	3,500,000	428,020(12.23%)	3,071,980	36,863,760
4,300만 원	3,583,333	444,400(12.40%)	3,138,933	37,667,200
4,400만 원	3,666,667	463,470(12.64%)	3,203,197	38,438,360
4,500만 원	3,750,000	481,250(12.83%)	3,268,750	39,225,000
4,600만 원	3,833,333	498,980(13.02%)	3,334,353	40,012,240
4,700만 원	3,916,667	524,070(13.38%)	3,392,597	40,711,160
4,800만 원	4,000,000	544,330(13.61%)	3,455,670	41,468,040
4,900만 원	4,083,333	561,560(13.75%)	3,521,773	42,261,280
5,000만 원	4,166,667	582,420(13.98%)	3,584,247	43,010,960
5,100만 원	4,250,000	598,620(14.09%)	3,651,380	43,816,560
5,200만 원	4,333,333	614,210(14.17%)	3,719,123	44,629,480
5,300만 원	4,416,667	631,340(14.29%)	3,785,327	45,423,920
5,400만 원	4,500,000	648,460(14.41%)	3,851,540	46,218,480
5,500만 원	4,583,333	662,490(14.45%)	3,920,843	47,050,120
5,600만 원	4,666,667	679,610(14.69%)	3,987,057	47,844,680
5,700만 원	4,750,000	697,940(14.76%)	4,052,060	48,624,720
5,800만 원	4,833,333	713,510(14.86%)	4,119,823	49,437,880
5,900만 원	4,916,667	730,630(14.96%)	4,186,037	50,232,440
6,000만 원	5,000,000	747,760(14.99%)	4,252,240	51,026,880
6,100만 원	5,083,333	761,800(15.08%)	4,321,533	51,858,400
6,200만 원	5,166,667	778,920(15.13%)	4,387,747	52,652,960
6,300만 원	5,250,000	794,490(15.19%)	4,455,510	53,466,120
6,400만 원	5,333,333	810,070(15.27%)	4,523,263	54,279,160
6,500만 원	5,416,667	827,190(15.35%)	4,589,477	55,073,720
6,600만 원	5,500,000	844,330(15.37%)	4,655,670	55,868,040
6,700만 원	5,583,333	858,350(15.45%)	4,724,983	56,868,040
6,800만 원	5,666,667	875,470(15.62%)	4,791,197	56,699,800
6,900만 원	5,750,000	898,420(15.80%)	4,851,580	57,494,360
7,000만 원	5,833,333	921,400(15.80%)	4,911,933	58,943,200
7,100만 원	5,916,667	946,860(16.00%)	4,969,807	59,637,680
7,200만 원	6,000,000	999,830(16.66%)	5,000,170	60,002,040
7,300만 원	6,083,333	1,020,540(16.78%)	5,062,793	60,753,520
7,400만 원	6,166,667	1,046,220(16.97%)	5,120,447	61,445,360
7,500만 원	6,250,000	1,069,410(17.11%)	5,180,590	62,167,080

연봉	월 급여액	공제액	실수령액	
		월 공제액 (월 급여 대비 공제 비율)	월 실수령액	연 실수령액
7,600만 원	6,333,333	1,092,620(17.25%)	5,240,713	62,888,560
7,700만 원	6,416,667	1,118,300(17.43%)	5,298,367	63,580,400
7,800만 원	6,500,000	1,144,000(17.60%)	5,356,000	64,272,000
7,900만 원	6,583,333	1,164,690(17.69%)	5,418,643	65,023,720
8,000만 원	6,666,667	1,190,380(17.86%)	5,476,287	65,715,440
8,100만 원	6,750,000	1,213,560(17.98%)	5,536,440	66,437,280
8,200만 원	6,833,333	1,236,770(18.10%)	5,596,563	67,158,760
8,300만 원	6,916,667	1,262,460(18.25%)	5,654,207	67,850,480
8,400만 원	7,000,000	1,288,150(18.40%)	5,711,850	68,542,200
8,500만 원	7,083,333	1,308,860(18.48%)	5,774,473	69,293,680
8,600만 원	7,166,667	1,334,540(18.62%)	5,832,127	69,985,520
8,700만 원	7,250,000	1,357,730(18.73%)	5,892,270	70,707,240
8,800만 원	7,333,333	1,380,930(18.83%)	5,952,403	71,428,840
8,900만 원	7,416,667	1,406,620(18.97%)	6,010,047	72,120,560
9,000만 원	7,500,000	1,432,320(19.10%)	6,067,680	72,812,160
9,100만 원	7,583,333	1,453,010(19.16%)	6,130,323	73,563,880
9,200만 원	7,666,667	1,478,700(19.29%)	6,187,967	74,255,600
9,300만 원	7,750,000	1,501,880(19.38%)	6,248,120	74,977,440
9,400만 원	7,833,333	1,525,090(19.47%)	6,308,243	75,698,920
9,500만 원	7,916,667	1,550,770(19.59%)	6,365,897	76,390,760
9,600만 원	8,000,000	1,576,470(19.71%)	6,423,530	77,082,360
9,700만 원	8,083,333	1,597,170(19.76%)	6,486,163	77,833,960
9,800만 원	8,166,667	1,622,860(19.87%)	6,543,807	78,525,680
9,900만 원	8,250,000	1,646,050(19.95%)	6,603,950	79,247,400
1억 원	8,333,333	1,669,250(20.03%)	6,664,083	79,969,000

※ 실제와 약간의 오차가 있을 수 있으니 참고하세요!

20대 직업별
평균 월급은 얼마?

대한민국에는 수많은 직업이 있고
각자 다른 월급을 받습니다.

뉴스에서는 평균 연봉이 **3,245**만 원,
평균 월급 **270**만 원(세후 **243**만 원)이라는데
20대 평균 월급은 얼마일까요?

3,000명의 20대 직장인 직업/월급을 분석한 결과입니다.
(정확한 수치는 아니니 '참고용'으로 봐 주세요.)

1~10위

(사회초년생 기준, 단위: 만 원)

순위	직업	월급	
1위	변호사, 의사 등 전문직	**300~500**	
2위	선박기관사	**400**	
3위	대기업 사무직	**220~300**	+상여금
4위	금융권 정규직	**300**	
5위	환경미화원	**300**	
6위	대기업/대학병원 간호사	**270**	
7위	대기업/대학병원 의료직	**270**	
8위	항공사 승무원	**270**	
9위	연구원	**200~270**	
10위	대기업 생산직	**200~250**	+상여금

11~20위

(사회초년생 기준, 단위: 만 원)

순위	직업	금액
11위	소방공무원	230
12위	경찰공무원(외근직)	230
13위	초·중·고 교사	210
14위	운동선수	200~250
15위	물리치료사(남)	200~230
16위	유치원 교사	200
17위	일반병원 간호사	180~210
18위	중견기업 사무직	180~200
19위	건축계열 사무직	180~200
20위	은행 텔러	180~200

21~30위

순위	직업	금액
21위	물리치료사(여)	180~200
22위	경찰공무원(내근직)	180
23위	카페 매니저	170~200
24위	일반기업 생산직	160~200
25위	직업군인	160~200
26위	경호원	160~200
27위	방사선사	160~180
28위	임상병리사	160~180
29위	개발자	160~180
30위	비서	160~180

31~40위

(사회초년생 기준, 단위: 만 원)

순위	직업	급여
31위	백화점 판매직	160~170
32위	어린이집 교사	160
33위	9급 공무원(남)	152~172
34위	작업치료사	150~180
35위	치위생사	150~180
36위	호텔리어	150~180
37위	사회복지사	150~180
38위	웹디자이너	150~180
39위	중소기업 사무직	150~180
40위	항공사 지상직	150~180

41~50위

순위	직업	급여
41위	영양사	140~180
42위	콜센터 상담원	140~180
43위	마케팅 사무직	140~180
44위	요리사	140~160
45위	9급 공무원(여)	140~160
46위	제빵사	140~160
47위	간호조무사	140~160
48위	경리	140~160
49위	바리스타	130~160
50위	갤러리 큐레이터	130~160

51~56위

(사회초년생 기준, 단위: 만 원)

51위	세무회계 사무직	**130~160**
52위	영상제작 관련직	**120~160**
53위	방송사 스태프	**120**
54위	대학조교	**110~120**
55위	영화제작 스태프	**100**
56위	미용실 스태프	**100**

기타 영업 혹은 변동 직종

1위	헬스트레이너	**200~600**
2위	헤어디자이너	**210~500**
3위	골프 캐디	**0~500**
4위	휴대폰 판매원	**200~400**
5위	학원강사	**160~400**
6위	네일아트	**150~300**

직업별 차이가 크지만,

여자 **150~180**/남자 **170~190**만 원이

20대 평균 월급입니다.

생각보다 낮은 평균 월급.

참 슬프게도

사회는 우리 젊은이들을 헐값에 사들이네요.

월급도 중요하지만
시간이 지날수록
자산이
더 중요합니다.

20대 초중반 "너 얼마 벌어?"

20대 후반 이상 "너 얼마 모았어?"

20대 여러분, 힘냅시다!

20대 월급별
평균 지출은 얼마?

20대 평균 월급 기준, **180만 원**

| 저축 잘하는 케이스 | 평범한 케이스 | 못하는 케이스 | 자취하는 케이스 |

나는 어디에 해당될까요?

저축 잘하는 케이스

월급 180만 원

통신 8	단기적금(보상) 10
교통 10	단기펀드(투자) 10
보험 10	장기투자(목돈) 20
청약 2	생활비 50
단기적금(결혼) 55	비상금 5

해설 저축 잘하는 케이스

생활비 평균 **50만 원**,
1년 최소 1,000만 원 이상 모음
(84만 원×12개월=1,000만 원)

 단기적금(보상)은 1년 동안 저축한 나를 위한 선물입니다.
여행비로 쓰거나 사고 싶던 것을 사세요.

평범한 케이스

월급 **180**만 원

통신비 10	적금 60
교통비 10	비상금 5
보험 10	생활비 75
청약 10	

 해설 평범한 케이스

생활비를 조금만 신경 쓴다면
월 **10~20**만 원은 충분히 줄일 수 있습니다.

(한 달에 15만 원만 절약해도 1년이면 180만 원!)

※ 2부 "통장 나누기 실천법" 참고!

해설 평범한 케이스

생활비도 줄였다면,
줄인 금액은
투자 혹은 장기상품에 넣으세요.
저축하는 재미를 들이면
여러분도 저축 잘하는 케이스가 될 수 있습니다!

저축 못하는 케이스

월급 **180만 원**

통신비 12	청약 10
교통비 10	적금 25
보험 15	생활비 80

(나머지 28만 원은 행방불명…)

 해설 저축 못하는 케이스

월급이 자꾸 어디로 샌다고 합니다.
새는 게 아니라 본인이 쓴 겁니다!

즉, 생활비로 **80만 원**이 아닌
100만 원 이상 쓰는 것이니 반성해야겠네요.

 해설 청약저축 10만 원씩 하는 케이스

청약저축 10만 원 이상 넣는 분들 주목!

청약저축은 많이 넣는다고 좋은 게 아닙니다.
또한 장기적금도 아닙니다.

※ 5부 "집을 사려면 청약통장이 무조건 필수다!?" 참고!

자취하는 케이스

월급 **180만 원**

월세+공과금 50	청약 5
통신 10	적금 45
교통 6	생활비 60
보험 4	

※ 월세/공과금은 서울 기준

 자취하는 케이스

깡패 같은 월세+혼자 식사 해결!
절대 돈을 모을 수 없습니다.

힘들어도 생활비 **60**만 원 이상 지출 금지!
그래야 조금이라도 더 모을 수 있습니다.

 자취하는 케이스

자취하는 분들은
세액공제로 월세를 돌려받을 수 있습니다!

※ 10부 "세액공제의 또 다른 절대강자, 월세공제" 참고!

여러분은 어떤 케이스에 속하나요?

혹시 월급이 적다고
저축도 포기했나요?

적은 월급이라도 아껴서

더 나은 **미래를 위해 저축**하나요?

당신은 **어떤 사람**인가요?

월급별 평균
저축 금액 **대공개**

월급 대비 저축 비중!
궁금하죠?

사실 개인 형편에 따라 많이 다릅니다.
(독립 여부/가정 형편/학자금대출 등)

그래도 여러분이 기준을 세우는 데 도움이 되도록
기준을 알려드리겠습니다!
(자취를 안 한다는 조건이며,
학자금대출은 저축 금액으로 생각하시면 됩니다.)

저 정환용의 의견이므로 참고만 하시기 바랍니다.

월급 60만 원 미만
(대학생, 아르바이트)

사실 저축으로 목돈 모으기가 힘듭니다.
목돈의 목적보다는
저축 습관 잡기, 투자 연습하기 목적으로
다가가는 게 옳습니다.

평균 저축 금액	10만 원
저축력이 좋은 사람	20만 원
저축력이 안 좋은 사람	0원
최악의 사람	빚을 내는 사람

(대학생 때 저는 최악의 사람이었습니다^^;)

월급 100~130만 원
(미용실 스태프, 세무회계 사무직 등)

이 구간도 돈을 많이 모으기 힘듭니다.
돈을 많이 모으고 싶다면,
투잡을 하거나 열심히 자기계발해서
이직해 월급을 올리는 게 급선무입니다.

평균 저축 금액	30~40만 원
평균 이상 저축 금액	60만 원 이상
평균 이하 저축 금액	20만 원 이하

자취/가정형편 등의 이유가 아닌데
평균 이하의 저축 금액이라면 반성해야 합니다.

월급 140~180만 원
(대부분의 20대 직장인)

대부분의 20대 직장인들이 이 구간입니다.
적어도 저축에서 남들보다
뒤떨어지면 안 됩니다.

열심히 몇 년을 일했는데 모은 돈이 없으면 허탈하겠죠?

평균 저축 금액	60~70만 원
평균 이상 저축 금액	85만 원 이상
평균 이하 저축 금액	40만 원 이하

적어도 1년에 1,000만 원 가까이 모으겠다는 각오로 저축해야 합니다.
(못 모으더라도 목표 설정이 중요!)

그리고 장기 저축상품도 하나쯤 염두에 둘 수 있습니다.

월급 190~230만 원
(중견기업/대기업)

중견기업 혹은 대기업 수준의 월급으로
어느 정도 삶의 여유가 생깁니다.

돈 모으는 재미 들이기에 딱 좋은 월급!

평균 저축 금액	85만 원
평균 이상 저축 금액	120만 원 이상
평균 이하 저축 금액	60만 원 이하

자취해서 돈 못 모은다는 소리는 변명일 뿐!
1년에 **1,000**만 원 모으기는 기본!(자취하지 않는다면)

소액의 장기 저축상품은 필수!

월급 240~300만 원
(국내 대기업 · 외국계 기업 직장인, 대학병원 간호사 등)

20대 월급 기준으로는

상위 **30%** 안쪽이라 보면 됩니다.

월급이 많으니 늘어나는 소비를
잘 통제해야 합니다.

평균 저축 금액	120만 원
평균 이상 저축 금액	150만 원 이상
평균 이하 저축 금액	85만 원 이하

1년에 **1,000**만 원 모은 것은 자랑이 아닙니다.
남들보다 조금 앞서 나갔다 방심하지 말고 열심히 저축하세요!

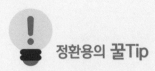

정환용의 꿀Tip

월급이 들쑥날쑥~ 변동 폭이 크다면
최저 월급/최고 월급/1년 총 급여 등을 계산해
평균 월급을 내고 그 기준으로 저축 계획을 세웁시다.

평균 월급으로 나온 금액에서
초과 수익이 생기면 비상금 통장에 넣고,
수익이 적을 땐 비상금 통장에서 돈을 꺼내
평균 월급을 맞춰서 생활합니다.

본인의 월급 기준에서
적어도 평균 금액은 저축해야겠죠?

여러분은 평균 이상인가요? 이하인가요?

재테크 자가진단
체크 리스트

자가진단 체크!

각 문항당 1점씩

- ☐ 예금/적금의 이자 차이를 알고 있다
- ☐ 투자에 관심이 많다
- ☐ 가끔씩 경제 뉴스를 살펴본다
- ☐ 월급의 최소 50%는 저축한다
- ☐ 내가 가입한 보험에 대해 잘 안다
- ☐ 선저축, 후소비를 실천한다
- ☐ 한 달에 한 번 가계부를 작성한다
- ☐ 변동금리와 고정금리의 차이를 안다
- ☐ 충동구매를 하지 않는다
- ☐ 신용카드를 쓰지 않는다
- ☐ 펀드 혹은 주식 투자를 해 봤다
- ☐ 동기들에 비해 저축을 많이 했다
- ☐ 통장 나누기의 개념을 알고 있다
- ☐ 재테크 책을 1권 이상 읽어 봤다
- ☐ 주변에 투자/재테크에 대해 얘기할 수 있는 친구가 있다

15점	결혼 후 경제권을 쥐어도 문제없음! 믿을 수 있는 당신!
14~10점	재테크에 꽤 관심이 있군요. 직장인치곤 Good.
9~6점	일반적인 직장인 수준입니다. 그렇다고 잘하는 것은 절대! 아닙니다.
5~3점	아… 심각합니다. 지금이라도 관심을 가지세요.
2~0점	저… 직장인 맞으세요?

난 생 처 음 재 테 크

2부

절약은
최고의 재테크

올라가긴 쉽고
내려가긴 어려운
'생활비'

"1억 원을 한 달 동안 다 쓰세요!"
"10만 원으로 한 달을 버티세요!"

무엇이 더 어려울까요?

한 달 생활비가 **50만** 원인데
1억 원을 한 달에 쓰는 것은 매우 쉽습니다.

반대로 한 달 생활비가 **50만** 원인데
10만 원으로 한 달을 버티는 것은 매우 어렵습니다.

직장인에게
"한 달간 학생 때처럼 생활해 보세요"
라고 하면 어떨까요?

이것마저도 쉽지 않다는 것을 우린 알고 있습니다.

많은 사람들이 '생활비 줄여야지!' 라고 마음먹어도
쉽게 줄이지 못하는 이유입니다.

이미 소득수준이 높아졌고
그에 맞는 **소비 패턴**에
익숙하기 때문이죠.

생활비는 쉽게 올라가지만
올라간 생활비를 줄이는 것은
매우 어렵습니다.

어디서부터 소비 패턴이 망가졌을까요?

첫 번째 가장 큰 실수!

**'첫 월급'을
마음껏 다 쓰는
행동**

겨우 한 달인데?
그 한 달이 당신의
소비 패턴을 정하고,
그 패턴은 직장 생활 내내
이어질 가능성이 높습니다.

두 번째 실수!

체크카드에서 신용카드로의 변화

체크카드 잘 쓰다가
신용카드를 쓰면?
신용카드의 카드 값은
한 달 뒤에 내는 것이므로
결국 생활비가
한 달씩 밀립니다.

월급에 맞게 체크카드 잘 쓰다가
신용카드로 바꾸면서
이번 달에 쓴 돈을 다음 달 월급으로 갚다니!

그 한 달의 공백은 어디로?
그 공백이 소비의 평균치를 올린 겁니다.

무심코 지나친 한 달,
그 한 달이 당신의 소비 패턴을 정해
생활비를 올리고 저축을 방해합니다.

경계하세요. 당신의 생활비!

8

통장,
왜 나누라는 거야?

온갖 재테크 책의 필수 파트
'통장 나누기'

왜 그렇게 강조하는 걸까요?

"계란을 한 바구니에 담지 말라."
(제임스 토빈)

수많은 계란을 다 신경 쓰기 힘들고
서로 부딪쳐 깨지면 계란의 가치가
떨어지기 때문입니다.

돈도 마찬가지입니다.
한 통장(바구니)에 모든 돈(계란)을
몰아넣으면 어떻게 될까요?

통장에 일단 돈이 있으니 더 쉽게 씁니다.

그러다 어느 순간
돈이 부족해져
자동이체로
빠져나가야 할 돈도 못 빠지겠죠?

자동이체로 알아서 돈이 빠진다 생각하니
내 돈이 어디로 빠져나가는지, 빠진 건 맞는지
확인도 잘 안 했기 때문입니다.

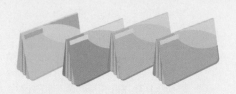

통장(바구니)을 나누면
돈의 사용 목적을 구분 지을 수 있습니다.

월급 통장, 자동이체 통장, 생활비 통장, 비상금 통장

이렇게 사용 목적에 따라 통장을 나누면
계획적으로 돈을 쓸 수 있고 경제관념이 생깁니다.

올바른 소비 패턴 유지도 가능하고 저축력 향상에도 도움이 됩니다.

직장인인데
아직도 계란을
한 바구니에 담으시나요?

통장 나누기!

통장 나누기 실천법을 통해 제대로 배워 봅시다!

9

통장 나누기
실천법

통장을 나눠야 하는 건 알겠는데
인터넷을 봐도, 책을 봐도 어렵기만 한
통장 나누기!

쉽.게.알.려.드.리.겠.습.니.다!

월 소득	150만 원		월 소득	150만 원
고정비	20		고정비	20
적금	30		적금	30
펀드	10		펀드	10
보험료	10		보험료	10
생활비	80	→	생활비	60
			여윳돈	20
합계	150		합계	150

위의 표는 실제 제 고객의 사례로
그동안 돈이 어디로 새는지 모르다가
통장 나누기를 통해 생활비에서
여윳돈 '20만 원'을 되찾은 케이스입니다.

통장 나누기를 위해선 총 4개의 통장이 필요합니다.

① 월급 통장
② 자동이체 통장
③ 생활비 통장
④ 비상금 통장(CMA)

보통 통장이 여러 개 있으니
준비는 어렵지 않습니다.

※ CMA에 대해서는 6부 "CMA 파헤치기" 참고!

월급 통장

금융권에서 대출받을 때 유용합니다.
월급통장 은행을 지정해 주는 회사가
있는데 이직했다고 월급 통장에 따라
주거래 은행을 옮기는 행동은 No!
주거래 은행은 그대로 두고
월급통장만 바꾸세요.

자동이체 통장

주거래 은행에서 만들고
적금, 보험료, 통신비 등의
자동이체를 걸어 둡니다.

월급이 들어오면
자동이체될 금액을 즉시 이체합니다.
한 달에 한 번 자동이체 금액을 넣고
신경 끄면 됩니다.

생활비 통장

주거래 은행에서 만듭니다.

월급이 들어오면
생활비를 '1주일' 단위로 이체합니다.
(한 달 치가 아니라 '1주일' 치가 핵심 포인트!)

비상금 통장(CMA)

CMA는 단 하루만 돈을 넣어도
이자를 줍니다.
그렇기 때문에 비상금 통장으로
CMA를 활용하는 게 효과적입니다.

모든 준비가 끝났으니
월급이 들어온 후의 과정을 알려드리겠습니다.

월급이 들어온 후 할 일

1 자동이체 통장에 자동이체 금액을 계산해 입금

2 생활비 통장에 1주일 치 생활비 입금
(예: 한 달 생활비가 80만 원이라면 20만 원 입금)

3 월급 통장에 남은 돈은 비상금 통장으로 입금
(월급 통장을 0원으로)

월급이 들어온 후 1주일 뒤에 할 일

1 생활비 통장의 20만 원으로 1주일 버티기

2 1주일 후 비상금 통장에서 1주일 치 생활비를
생활비 통장에 입금

3 매주 1, 2번을 반복 Point!

1주일이 지났는데 생활비 통장에 돈이 남았다면?

예를 들어
5만 원이 남았다면
비상금 통장에서 20만 원을
입금하지 말고
15만 원만 입금해
20만 원을 맞춥니다.

이렇게 통장 나누기를 통해 소비 패턴을 잡으면
생활비가 줄어들고 여윳돈이 생기는
놀라운 효과를 얻습니다!

(단, 열심히 실천하는 사람에게만 해당!)

통장 나누기의 핵심!

☑ 올바른 소비 패턴 잡기!

☑ 은행 외 타 금융사도 이용해 재테크에 눈뜨기!

어렵게만 생각했던 통장 나누기!
이젠 여러분도 효과적으로 할 수 있습니다.

생활비 줄이는
실전 꿀Tip

생활비를 통제하는 확실한 방법!

(통장 나누기와 같이 하면 더욱 효과가 좋습니다)

Step 1

데이트비   생활비   쇼핑비

3가지로 한 달 생활비를 나눕니다.

예) 데이트비: **20**만 원/생활비: **40**만 원/쇼핑비: **10**만 원
(애인 없으면 데이트비는 생략… 연애는 재테크의 적… ㅠㅠ)

Step 2

데이트 카드에는 데이트비 **20**만 원,
생활비 카드에는 1주일 생활비 **10**만 원을 넣습니다.

(한 달 생활비 40만 원÷4주＝10만 원)

Step 3-1

데이트할 땐
다른 카드는 집에 두고
데이트 카드만 들고 다닌다!

※ 3부 "애인이 커플 통장 귀찮아하면? 혼자 하는 커플 통장" 참고!

Step 3-2

데이트 안 할 땐
다른 카드는 집에 두고
생활비 카드만 들고 다닌다!

Step 3-3

생활비 카드에는 1주일 치 생활비 **10만** 원뿐이므로
잔액을 확인하며 아껴 쓸 수 있습니다.

(다른 카드나 보안카드는 절대! 들고 다니지 말기)

Step 4-1

한 달 데이트비와 생활비를 계획에 맞게 썼다면

쇼핑은 그때!

(즉, 쇼핑은 월급날 후가 아니라 월급날 전에!)

Step 4-2

만약 데이트비와 생활비가 기준을 초과했다면

초과 금액만큼 쇼핑비를 줄인다.

Step 5

이 과정을 잘 따라하면 스스로 정한

데이트비 **20**만 원, 생활비 **40**만 원, 쇼핑비 **10**만 원,

총 **70**만 원의 비용을 초과하는 일이 적어진다.

(생활비를 많이 쓰면 쇼핑을 덜 하면 되니까요!)

생활비 달력이
있다고!?

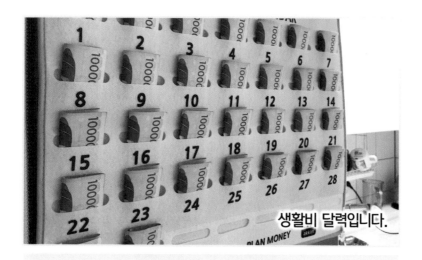

생활비 달력입니다.

사진을 보니 이해되시죠?

매월 각 날짜에 돈을 넣고
그날엔 꽂혀 있는 돈만 쓰기!

생활비 달력 사용 시 유의사항!

1 교통카드 외 다른 카드는 일체 가지고 다니지 않는다

2 한 달 일정을 잘 고려해 생활비 달력에 돈을 꽂는다

3 최대한 계획에 맞춰 쓰고 돈을 당겨쓰는 일이 없도록 한다

4 처음부터 너무 **빡빡하게** 계획을 세우지 말자.
빡빡한 계획은 실패하기 마련!

한 달에 한 번 쓰는
가계부

부의 방정식 월(month) 가계부

IN(소득)			급여/사업소득	
			인센티브	
			이자소득	
			기타소득	
			합계	
OUT(지출)	OUT1	저축및투자	단	비상금	
				예/적금	
		중	펀드	
			주식	
		장	주택청약	
			목돈마련	
			개인연금	
		합계		
		고정지출	주거	* 월세	
				* 공과금	
		부채	* 대출이자	
			대출원금	
		보험	생명보험	
			손해보험	
		기타	기부금	
			기타	
		합계		
	OUT2	변동지출	교통비	* 주유	
				대중교통	
				** 택시비	
		** 통신비	핸드폰	
			소액결제	
		기타	의료비	
			경조사비	
			기념일	
			자기계발	
			기타	
		합계		
		소비지출	** 신용카드	이달 사용액	
				잔여할부	
		현금	체크카드	
			현금	
		합계		
		순수생활비	(소비지출+택시비+소액결제)-변동지출	

** 신경써서 줄여야 할 부분
★ 줄일 수 있는 부분

TALK 재테크 상담
Kakao ID : 부의방정식

어때요?
이 정도는 대충 정리할 수 있겠죠?
매일매일 안 써도 됩니다!

월급 들어오기 전날! 딱~ 한 번만 쓰세요!

작은 실천이 당신의 통장 잔고를 바꿉니다.

각 항목				한 달 지출 비용
수입			월급/사업소득	
			인센티브	
			이자소득	
			기타 소득	
			합계	
지출	1	저축/투자	단기	비상금	
				예·적금	
			중기	펀드	
				주식	
			장기	주택청약	
				목돈 마련	
				개인연금	
			합계		
		고정지출	주거	월세*	
				공과금*	
			부채	대출이자*	
				대출원금	
			보험	생명보험	
				손해보험	
			기타	기부금	
				기타	
			합계		
	2	변동지출	교통	주유*	
				대중교통	
				택시**	
			통신**	휴대폰	
				소액결제	
			기타	의료비	
				경조사	
				기념일	
				자기계발	
				기타	
			합계		
		소비지출	신용카드**	사용액	
				잔여 할부	
			현금	체크카드	
				현금	
			합계		
		순수 생활비	(소비지출+택시비+소액결제)−변동지출		

* 줄일 수 있는 부분　　** 신경 써서 줄여야 할 부분

각 항목				1월	2월	3월	4월	5월	6월	7월	8월	9월	10월	11월	12월
수입			월급/사업소득												
			인센티브												
			이자소득												
			기타 소득												
			합계												
지출	1	저축 투자	단기	비상금											
				예·적금											
			중기	펀드											
				주식											
			장기	주택청약											
				목돈 마련											
				개인연금											
			합계												
		고정 지출	주거	월세*											
				공과금*											
			부채	대출이자*											
				대출원금											
			보험	생명보험											
				손해보험											
			기타	기부금											
				기타											
			합계												
	2	변동 지출	교통	주유*											
				대중교통											
				택시**											
			통신**	휴대폰											
				소액결제											
			기타	의료비											
				경조사											
				기념일											
				자기계발											
				기타											
			합계												
		소비 지출	신용카드**	사용액											
				잔여 할부											
			현금	체크카드											
				현금											
			합계												
		순수 생활비	(소비지출+택시비+소액결제) -변동지출													

* 줄일 수 있는 부분   ** 신경 써서 줄여야 할 부분

스프레드시트나 인쇄용 파일이 필요하면
카카오톡에서 '정센세' 검색 후 문의 주세요!

13

1년에 한 번!
내 돈을 정리하자

연말이면 한 해를 마무리하며 1년을 되돌아봅니다.

하지만

지난 1년간 내 돈의 행방에는 관심이 없습니다.

지난 1년간 내 돈의 행방을 추적하는 것은
꼭 필요합니다.

일명 **머니정산!** 배워 볼까요?

Step 1

1년의 기준일을 잡는다.
(사회초년생은 입사일 기준, 연차가 있으면 보통 연말)

Step 2

기준일로부터 **1년간 총소득을 계산**한다.

Step 3

기준일로부터 **1년간 저축액을 계산**한다.
(적금/펀드/주식/연금/주택청약/통장 등을 기준으로 계산!)

Step 4

기준일로부터 **1년간 고정비를 계산**한다.
(통신비/교통비/월세/공과금/대출이자/보험료/부모님 용돈 등)

단! 카드 값과 할부는 고정비가 아니니 참고하세요.

Step 5

계산한 1년간 저축액과 고정비를 총소득에서 뺀다.

총소득－(저축액＋고정비)＝지난 1년간 생활비

예) 3,000만 원－(1,200+600만 원)＝1,200만 원

Step 6

지난 1년간 생활비를 12개월로 나눈다.

예) 1,200만 원÷12＝100만 원

Step 7

경조사가 많은 사람은 이를 감안해
월 생활비에서 5~10만 원을 뺍니다.
경조사가 거의 없는 사람은 위에 계산한 월 생활비가
한 달 평균 소비 금액이 됩니다.

즉, 앞에 예시를 따르면 다음과 같습니다.

총 소득 **3,000**만 원
총 저축액 **1,200**만 원
총 고정비 **600**만 원
총 생활비 **1,200**만 원

월 250만 원을 벌어
100만 원 저축하고, 50만 원 고정비를 쓰고
100만 원을 '몽땅' 생활비로 다 써 버린 케이스네요.

'1,200만 원'을 보면
'저축 꽤 했네!'라고 생각할 수 있지만
고정비를 제외하고도
순수 생활비(놀고먹고 쇼핑하고)로
매달 **100만 원**이나 썼습니다.

꽤나 충격적인 결과죠?
머니정산을 안 했다면
'잘 모았네~'라며 넘어갔을 텐데!

1년에 한 번 하는 '머니정산'의 장점

1 재정 관리의 문제점을 큰 틀에서 확인할 수 있다
2 다음 해 재정 계획을 세우기 위한 방향이 보인다
3 무엇을 줄이고 늘려야 할지 파악할 수 있다
4 월 저축액 대비 모은 돈이 없는 이유를 파악할 수 있다

연말정산만 신경 쓰지 말고
머니정산도 해 보는 건 어떠세요!?

신용카드,
재테크의 가장 큰 적

직장 얻고 신용카드 만드신 분 많죠?

신용카드 있으면 혜택에 무이자 할부까지! 참~ 좋죠?

(돈도 많이 쓰고^^)

결론부터 말하자면

대부분의 사람들은 **신용카드 쓰면 안 됩니다!**

(절.대.쓰.지.마.세.요.)

신용카드 쓰지
말아야 하는 이유

1 혜택

신용카드로 혜택 얼마나 받으시나요?
보통 신용카드 혜택을 잘 못 느끼거나,
많이 혜택받아 봤자 한 달에 2만 원?

체크카드도 한 달에 **1만 원** 정도
혜택이 가능합니다.

신용카드 쓰지 말아야 하는 이유

1 혜택

신용카드 혜택 ▶ 한 달 평균 **2만 원**

체크카드 혜택 ▶ 한 달 평균 **1만 원**

신용카드 써서 얻는 이득이 1만 원인데
그 1만 원보다 더 많이 소비한다면
신용카드 금지!

신용카드 쓰지 말아야 하는 이유

2 무이자 할부

예를 들겠습니다.

노트북이 있는데 조금 느린 거 같아
노트북을 사러 갔습니다!

노트북은 100만 원이라네요!

신용카드 쓰지 말아야 하는 이유

2 무이자 할부

체크카드 쓰는 사람은
한 번에 100만 원을 결제해야 하니
진짜 노트북을 바꿔야 하나 고민하고
정말 필요하다고 느껴야 구매합니다!

신용카드가 있는데
마침 무이자 6개월 할부가 되네요?

100만 원÷6개월=약 16만 원

어라? 한 달에 16만 원이면 노트북을 바꿀 수 있네!?
이런 생각에 좀 더 쉽게 구매합니다.

6개월 후
노트북 할부가 끝나면 속 시원하죠?

할부 끝났으니까 또 뭘 살까 고민합니다.

할부는 또 다른 할부를 만듭니다.
(찔리는 분들 많죠?)

신용카드 쓰지
말아야 하는 이유

3 소득공제

신용카드 소득공제율 **15%**

체크카드 소득공제율 **30%**

체크카드가 소득공제를
받기 더 좋습니다.

신용카드는 남의 돈을 빌려서 쓰는 것입니다.

왜 남의 돈 빌려서 한 달 한 달 생활하며
카드 값 때문에 고민하나요?

친구가 돈 빌려서 안 갚으면 짜증나죠?
카드 값 연체하는 사람도 똑같은 사람입니다.

여러분!
신용카드는 약이 될 수도, 독이 될 수도 있지만
대부분의 사람들에게는 독이 됩니다.

당신에게도 신용카드는 독입니다.
'나는 아닐 거야!' 라고 생각하지 마세요.

쓰지 마세요.
알겠죠?

15

신용카드,
써야 한다면 현명하게

신용카드 혜택 쏙쏙 뽑아 먹으면서
체크카드 쓸 때보다 지출이 늘지 않을 자신이 있다면
신용카드를 써도 좋습니다.

절제 잘하시는 분들을 위해
신용카드 사용 꿀Tip을 알아볼까요?

 **꿀Tip**

신용카드
만들기 전
가계부를
살펴보자

신용카드의 장점 중 하나가 혜택이죠?
내 가계부를 살펴보고
소비 패턴에 맞는 신용카드를 써서
혜택을 최대한 받자.
(그리고 카드 하나에 혜택과 포인트를 집중!)

꿀Tip

**신용카드
한도를 생활비
수준으로
낮추자**

카드를 잘! 많이! 쓰면
한도가 계속 올라갑니다.
한도 많아 봤자 어디에 쓰겠어요?
높은 한도는 할부 등
과소비를 조장합니다.

꼭! 한도를 생활비 수준으로 낮춰
지출을 절제하는 게 중요합니다.

꿀Tip

**기왕이면
그때그때
'선결제'하자**

납입일 전에도
어플이나 고객센터를 통해
선결제가 가능합니다.

유이자 할부의 경우
이자도 줄고 연체 방지,
올바른 소비 패턴 만들기에
도움이 됩니다.

꿀Tip

**대금 연체,
카드론,
현금서비스,
리볼빙 금지!**

신용등급에 굉장한 악영향을 미칩니다.

'대금 연체, 카드론, 현금서비스,
리볼빙 무조건 금지' 기억하세요!

꿀Tip

**소멸 예정
포인트
꼭 챙겨 쓰자**

미처 생각지 못하던
소액 포인트가 시간이 지나
사라지는 경우가 많습니다.

파인(fine.fss.or.kr)에서 조회해 꼭 챙기세요!

꿀Tip

**보험료,
통신비 등
카드로 납부해
포인트 쌓자**

통신비를 신용카드로 납부해
할인 및 포인트 혜택을 받는 분들이 꽤 많은데요.
보험료도 카드 납부가 되는
회사가 있습니다.

담당 설계사나 고객센터에 문의 후
카드 납부로 바꿔 실적을 쌓는 건 어떨까요?

꿀Tip

**설계사를 통해
카드 만들고
사은품 챙기자**

카드 회사를 통해 만드는 것보다
카드 설계사에게 만들면 현금 등
사은품이 더 빵빵합니다.

물론 카드 설계사가 내걸은 조건은 지켜야겠죠?
(예: 월 30만 원 이상 사용)

난 생 처 음 재 테 크

연애도 결혼도
현명하게 하자!

알뜰살뜰 함께 쓰는

커플 통장

커플이 되면 참 좋은데…
정말 좋은데….

돈을 많이 쓴다.
돈을 계속 쓴다.
돈을 항상 쓴다.
기념일엔 더 쓴다.
방값(?)도 만만치 않다.

이러한 이유로 저축 습관이 흐트러집니다.

연애로 인해 소비가 늘어나도
좀 더 효율적으로 돈을 관리해야겠죠?

만들어야지 만들어야지 했지만
이런저런 핑계로 만들지 못했던 **'커플 통장'**

만드는 방법부터 활용법까지 알려드리겠습니다!

Step 1   누가 먼저 제안할까요?

누가 먼저 제안할까요? 기왕이면 *여자가 먼저!*
남자들은 데이트 비용이 부담되어도 쉽게 말 못합니다.
(남자의 자존심… ㅠㅠ)

"오빠~ 요즘 커플 통장 많이 쓴다던데 우리도 해 볼까?"
이러면 남자들은 엄청 고마워할 겁니다!

Step 2   커플 통장의 금액과 비율은?

① 한 달 데이트 횟수   ② 1회 데이트 비용
①×②=한 달 데이트 비용!

비율은 대부분 5:5 혹은 6:4입니다.
(직업, 월급, 연령 및 상황에 맞게 정하기!)

Step 3   공동 명의 vs. 개인 명의

둘 중 한 명이라도 직장인이라면
직장인 명의로 개설하세요.
(공동 명의 통장은 소득공제 혜택이 없음!)

소득이 높거나 지출이 많은 사람 명의로 개설해
소득공제 혜택을 몰아주는 게 효율적입니다!

Step 4   어떤 통장/체크카드를 고를 것인가?

**영화, 외식, 놀이공원, 여행, 쇼핑 등
자주 쓰는 쪽에 할인/캐시백이 많이 되는
체크카드 선택!**

예쁜 것을 갖고 싶다면 캐릭터 통장도 Good!

커플 통장 활용 꿀Tip

1 통장 하나에 체크카드 2개 발급도 가능!
2개의 체크카드로 혜택도 유용하게!(단, 실적 중복×)

2 입출금/사용내역 문자 서비스는 필수!
문자는 명의자, 통장은 상대방에게!
투명한 관리로 서로 신뢰를 지킵시다.

3 통장을 데이트 일기장으로!
통장 정리가 곧 데이트 기록! 이용 내역이 통장 안에 쏙쏙!

4 한 달 데이트 비용이 남았다면?
자유적금 개설 후 차액 입금! 기념일에 유용하게 쓰자!

5 헤어지면?
명의자는 소득공제 혜택을 받았으니 남은 돈은 상대방에게(ㅋㅋ)

※ 커플 통장, 이것만은 지켜라!
입금은 부담되지 않는 선에서!
서로 간의 신뢰가 형성된 이후에 만들기!
용도가 명확하지 않을 것 같다면 No!

애인이 커플 통장
귀찮아하면?
혼자 하는 커플 통장

데이트 비용 아끼기 좋은 커플 통장!

그런데 만들기 귀찮기도 하고
막상 하다가 '에라이! 안 해!'

이런 분들 많으시죠?

커플 통장 만들기 귀찮은 분!
하다가 포기한 분!
애인에게 만들자고 말 못하는 분!

이런 분들을 위해 준비했습니다.

'혼자 하는 커플 통장'

Step 1

1 한 달 데이트 횟수 계산하기

2 1회 데이트 비용 계산하기

①×②=한 달 데이트 비용입니다!

Step 2

쓰지 않는 체크카드를 찾거나 새로 발급받아

한 달 데이트 비용을 채워 놓는다!

Step 3

데이트할 때는

Step 2에서 만든 체크카드만 들고 나간다.

다른 카드들은 집에 두세요!

(데이트 비용을 채운 나만의 데이트 통장!)

데이트할 때는
카드에 있는 금액 안에서 한 달을 쓰도록 노력한다!

혼자 하는 커플 통장!
생각보다 간단하고 쉽죠?
연애는 둘이 해도
커플 통장은
혼자서도 가능합니다.

알뜰하게 연애도 하고 저축도 하는
현명한 여러분이 되길 바랍니다!

18

결혼 비용,
과연 얼마나 들까?

20~30대의 가장 큰 고민!
'결혼 비용'

뉴스나 통계에서 보이는
'억' 소리 나는 결혼 비용! 과연 진짜일까요?

예식장 **2,081**만 원	예 물 **1,826**만 원
신혼여행 **535**만 원	예 단 **1,832**만 원
혼수용품 **1,628**만 원	웨딩 패키지 **344**만 원

부잣집 도련님, 공주님들 결혼식인가요?
결혼하는 데 평균 **8,000**만 원!?

말도 안 됩니다.

일반적인 사람들의 결혼 비용은 둘이 합쳐
많아야 **4,000**만 원 정도입니다(주택 비용 제외!).

실제 결혼식 지출 비용

혼수 용품: 1,300만 원

예물: 500만 원

웨딩 패키지(스드메): 300만 원

예식장식사대: 축의금으로!

신혼여행: 600만 원

예단: 500만 원

기타 비용: 300만 원

= 신랑 신부 총 비용 3,500만 원

신혼집으로
1억 8,000만 원짜리
전셋집을
들어간다면!?

부부 전세자금 3,600만 원
(전세가의 20%)에
전세자금대출 1억 4,400만 원
(전세가의 80%)으로 입주 가능!

1억 4,400만 원(대출이율 3.3%)의 월 이자는?
약 39만 원!(이자는 월세의 개념!)

결혼 비용(3,500만 원)＋주택 비용(3,600만 원)
＝총 7,100만 원(인당 약 3,500만 원)

둘이 합쳐 약 **7,000**만 원으로
충분히 신혼을 시작할 수 있습니다.

집값을 제외해도 **8,000**만 원인
허례허식 가득 찬 결혼식 비용 보고
결혼을 포기하지 마세요!

사회생활 시작부터 꾸준히 저축했다면
부모님 도움 없이 본인 돈으로 충분히 결혼할 수 있습니다.

여러분도 결혼할 수 있습니다! 그러니 연애부터 하세요!
(할 수 있다면 ㅋㅋ)

#결혼비용 #걱정말고 #연애부터 #시작하자 #일단 #나부터

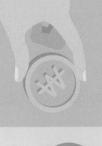

맞벌이/외벌이 부부
재정 관리
(feat. 신혼부부)

신혼! 말만으로도 꿀 떨어지는 아름다운 단어지만,
신혼 생활에도 재정 관리는 언제나 골칫거리입니다.

행복한 신혼 생활을 위한
재정 관리 팁!

맞벌이 부부

1. 절대 따로
돈 관리하지 마라!

돈 관리를 합쳐 이중 지출을
정리하면 최소 20만 원 정도
저축 여력이
올라갑니다.

2. 지금의 수입보다 향후
줄어들 수입을 걱정하자

인생 중 가장 돈을
많이 모을 수 있는 신혼!
이때 모아야 향후 출산 및
양육비를 충당할 수 있습니다.

맞벌이 부부

3. 개인 용돈/공동생활비를
확실히 정하자

개인 용돈, 부부가 함께 쓰는
공동생활비를 확실히 정해
불필요한 지출을
최소화합시다.

4. 서로의 수입을
정확하게 공개하자

비상금을 만들고 싶은
마음은 이해하지만
부부에게 중요한
덕목은 '신뢰'입니다.

맞벌이 부부

5. 지출 통제는 맞벌이의 필수!

서로 시간 맞을 때 즐기자!
퇴근하고 힘드니 외식하자!
이러니 지출이 늘어납니다.

6. 출산 후 직장 생활을 계속할지 여부를 상의하자

맞벌이 부부 재정 관리에서
가장 중요한 사항입니다.
이에 맞춰 재정 관리 계획을
수립해야 합니다.

외벌이 부부

1. 소득의 최소 30%는 저축하자

이때 저축을 못하면
자녀 출산 후
암울한 미래만이
기다립니다.

2. 부수입을 만들자

절약은 기본! 추가 수입을
노리는 게 좋습니다.
(예: 블로그 운영, 핸드메이드 소품
판매, 재택 알바 등)

※ 외벌이 부부라도 맞벌이 부부 관련 내용을
꼭 참고하세요!

정환용의 꿀팁

맞벌이 부부 포트폴리오
(남편 월급 250/아내 월급 200, 총 소득 450만 원 기준)

개인 용돈	40(인당 20)
공동생활비	60
교통비	20
통신비	20
공과금/관리비	15
전세자금대출 이자	20
단기저축 ①(전세자금/주택자금)	120
단기저축 ②(출산 대비)	40
여행비	20
노후 대비/목돈 마련	30
보험료	25
경조사/비상금	10
양가 부모님 용돈	30

　맞벌이 부부의 경우는 출산 후 양육비 부담, 외벌이로 바뀔 가능성을 고려해 지출 통제를 하는 것이 가장 중요합니다. 소비는 쉽게 늘어나지만 줄이기는 상당히 어렵기 때문이죠.

　공동생활비에 포함되는 항목은 '장보기', '외식', '데이트', '기타 생활용품' 등입니다. 단기저축 ①의 경우 향후 전세가 상승이나 5년 후 주택 매매 목적을 생각해 100만 원 정도 꾸준히 저축하는 게 좋습니다. 단기저축 ②의 경우 향후 출산으로 인해 소득이 줄었을 때를 커버할 수 있도록 40만 원씩 저축합니다.

비교적 소득이 여유로운 맞벌이 부부라 해도 무턱대고 쓰다간 외벌이 부부보다 저축을 못하는 곤란한 상황이 올 수 있으니 수입을 현명하게 관리하는 스킬을 익히는 게 중요합니다. 맞벌이 부부는 소득의 약 50% 저축을 하도록 노력해야 합니다.

외벌이 부부 포트폴리오
(총 소득 280만 원 기준)

개인 용돈	30(벌어 오는 사람이 20)
공동생활비	50
교통비	15
통신비	20
공과금/관리비	15
전세자금대출 이자	20
단기저축 ①(전세자금/주택자금)	60
단기저축 ②(출산 대비)	15
노후 대비/목돈 마련	20
보험료	25
경조사/비상금	10

개인 용돈은 사회생활을 하는 직장인뿐만 아니라 살림하는 주부에게도 필요합니다. 공동생활비는 전업주부가 있기 때문에 외식비가 줄어드니 맞벌이보다 액수가 적습니다.

외벌이 부부 포트폴리오에서 특이한 점은 양가 부모님 용돈이 없다는 점입니다. 결혼하면 누구나 다 효자, 효녀가 됩니다만 효도도 본인 생활을 챙기면서 해야 합니다. 여유가 있으면 누가 부모님 용돈 안 드리고 싶겠어요?

가장 최고의 효도는 행복하고 아름답게 잘사는 모습을 부모님께 보여 드리는 게 아닐까요? 여유가 없을 땐 용돈보다 가끔씩 자그마한 선물이라도 드리는 게 더 옳다고 생각합니다.

여기서 꿀팁! 맞벌이 부부든 외벌이 부부든 자녀가 생겼을 때를 대비해 소비 습관을 조절해야 합니다. 임신부터 출산, 산후조리원까지 들어가는 비용이 만만치 않으며, 자녀가 태어나고 추가적으로 기본 월 30만 원은 자녀에게 들어갑니다(기저귀, 분유 등). 만약 맞벌이 부부라 자녀를 부모님 혹은 도우미에게 맡긴다면 그 금액은 기하급수적으로 커지겠죠?

또한 맞벌이 부부는 외벌이 부부가 되어 소득이 줄어들 수 있다는 점 꼭 명심하고 재정관리 계획을 잘 세워야겠습니다.

난 생 처 음 재 테 크

4부

좋은 대출,
나쁜 대출

대출과
신용등급

???: 너 신용카드 꼭 써야 해!
신용카드 안 쓰면 신용등급 안 좋아지고 대출도 못 받아!

헉! 정말 신용등급 안 좋으면 대출 못 받나요?
진실? 혹은 거짓?

우리가 받을 수 있는 대출을 크게 분류하면
다음과 같습니다.

주택담보대출, 전세자금대출, 신용대출

주택담보 대출

주택이라는 담보가 있기 때문에
은행 입장에서는 리스크가 적습니다.

따라서 비교적 신용등급이 낮아도 대출이 가능!
(제1금융권의 경우 통상 6등급 이내)

전세자금
대출

역시 전세자금이라는 담보가
있기 때문에 은행 입장에서는
리스크가 적습니다.

역시 신용등급 6등급 이내라면
제1금융권 대출 가능!

신용대출

아무 담보 없이 '신용'만 보고
대출해 줘야 하니
은행 입장에서는 리스크가 큽니다!

만약 대출자의 신용등급이 낮다면?
대출금리를 높이거나 대출을 거절할
확률이 높겠죠.

즉, 주택담보대출이나 전세자금대출보다는
신용대출에서의 신용등급이 중요하다!

정환용의 꿀팁

신용등급의 영향이 가장 큰 '신용대출'! 과연 좋은 대출일까요?

주택담보대출이나 전세자금대출은 월세를 내는 것보다 대출이자를 내는 것이 더 효율적이기 때문에 대출하는 입장에서는 악성채무라기보다는 양성채무라고 보는 게 맞습니다.

하지만 신용대출은 악성채무에 가깝습니다. 정상적으로 돈을 잘 모으는 사람이 주택담보대출이나 전세자금대출 외에 신용대출을 받을 일이 있을까요? 신용대출은 개인의 소비를 위한 경우가 많으니 가급적 안 받는 게 좋습니다.

그렇다면 사실상 대출에서 신용등급을 크게 신경 쓸 필요가 없습니다. 체크카드만 쓰면 신용등급이 안 좋아져서 대출을 못 받는다? 아닙니다. 체크카드만 써도 공과금, 통신비, 대출이자 등 연체하지 않고 잘 쓴다면 보통 신용등급이 3~4등급으로 나옵니다. 그러면 주택담보대출이나 전세자금대출을 받는 데 지장 없겠죠? 물론 신용대출도 가능합니다. 신용등급과 대출, 이제 감이 잡히죠?

※ 내 신용등급 확인하기!

1년에 3회(4달에 한 번씩) 무료로 신용등급 확인이 가능합니다. 올크레딧(www.allcredit.co.kr), 나이스지키미(www.credit.co.kr)에서 조회가 가능하니 참고하세요(신용등급에 영향을 미치지 않습니다).

빚부터 갚을까?
저축부터 할까?
(feat. 학자금대출)

요즘 사회초년생의 절반 정도는
학자금대출이 있다죠?

사회에 나가자마자 **'빚'** 이라는 무거운 짐이
덜컥 어깨에 자리 잡습니다.

사회초년생 때는 학자금대출 때문에!
자리 잡았다 싶으면 전세 및 주택 대출 때문에!

빚부터 갚을지, 저축부터 할지 늘 고민됩니다.

부채(대출) 상환 vs. 저축하기
고민 해결 Start!

이론부터 파악하고 갑시다!

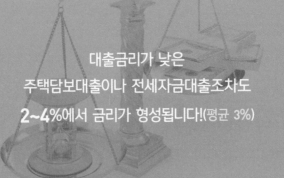

대출금리가 낮은
주택담보대출이나 전세자금대출조차도
2~4%에서 금리가 형성됩니다!(평균 3%)

1,200만 원을 대출이율 3%에 대출받고
1,200만 원을 예금금리 3%에 예금하면

1년 기준 **대출이자 36**만 원! **예금이자 36**만 원!
동일합니다.

하.지.만! 예 · 적금 등은
이자 수익에 대해 이자소득세(15.4%)를 떼므로
대출금리 3%와 동일한 이자를 받으려면
예금금리는 3.5% 정도가 돼야 합니다.

'대출금리+최소 0.5%'
정도의 금리여야
저축해도 이자가 동일하기 때문에
손해가 나지 않습니다.

그런데 현실적으로 대출금리보다
금리가 더 높은 저축상품을 찾을 수 있나요?
없죠?
보통은 대출부터 갚는 게 맞습니다.

신용대출 등 기타 대출은
주택담보대출, 전세자금대출보다 금리가 더 높기 때문에
더욱 대출을 먼저 갚아야 합니다.

고민 해결

대출이자가 더 세므로
저축보단 대출부터 갚는 게 정답!

하지만 이론과 현실은 약간 다르니
현실적으로 부채 관리를
어떻게 해야 하는지
살펴볼까요?

정환용의 꿀팁을 통해

고금리 · 저금리 부채의
현명한 상환 방법을 파악해 봅시다!

정환용의 꿀팁

부채 관리법

대출받은 금액과 금리, 상환 방법 제대로 알기

본인이 받은 대출인데 얼마나 빌렸는지, 이자는 얼마인지, 어떻게 갚아 나가야 하는지 모르는 사람이 너무 많습니다. '지피지기면 백전 불패'라고 자신의 상황을 제대로 파악해야 그에 알맞은 재정 관리 계획을 세울 수 있겠죠?

고금리 대출이라면 전환대출을 통해 저금리로 환승하자!

대중교통 환승은 잘하면서 고금리에서 저금리로 환승은 왜 안 할까요? 방법을 잘 모르기도 하고, 알더라도 '에이~ 얼마나 차이 나겠어?' 생각하며 귀찮게 여기는 사람이 많습니다. 그리고 고금리 대출을 받았다는 것은 이미 재정 관리가 '꽝!'이라는 겁니다.

보통 20%가 넘는 고금리 대출을 10% 정도의 금리로 바꿀 수 있습니다. 즉, 이자가 절반 이하로 줄어든다고 보면 됩니다! 바꿔드림론(www.happyfund.or.kr), 햇살론(www.sunshineloan.or.kr), 새희망홀씨 등등 정부나 민간은행, 공공기관 등에서 지원하는 저금리 전환대출 방법이 여러 가지 있으니 꼭 찾아보세요. 신용등급이 낮거나 연소득이 낮거나 없어도 가능한 방법은 많습니다.

예시)

대학생 때 자취도 하고 싶은데 돈은 없고, 놀고 싶은데 돈도 늘 부족하니 멍청하게도 고금리 대출을 받은 사람이 있었습니다. 300만 원을 빌렸는데 한 달 이자가 10만 원, 매번 원금 갚을 생각을 못 하고 이자만 냈습니다. 그 300만 원을 갚는 데 무려 3년이란 시간이 걸렸다고 합니다. 300만 원을 빌렸는데 이자만 360만 원… 참 바보 같죠? 고금리, 절대 우습게 보면 안 됩니다. 참고로 저 정환용의 경험담입니다.

대출이자는 절대 연체하면 안 된다

신용등급에 굉장한 악영향을 미치니 대출이자는 절대 연체하지 마세요!

저금리 대출(3.5% 이하)이라면 저축과 대출 상환을 병행하자!

이론대로라면 아무리 저금리 대출이라도 저축보다 대출 상환이 우선이지만, 재테크도 사람이 관리하는 것이니 사람 심리를 무시할 수 없습니다. 무슨 뜻이냐고요?

저축하지 않고 대출 상환만 한다면?

대출 상환이 끝난 후의 기쁨은 잠시일 뿐, '상대적 박탈감'에 휩싸일 수 있습니다. 그렇게 열심히 일해서 대출을 갚았는데 정작 모은 돈이 없다면 허무하겠죠? 보통 이런 상황에서는 앞으로 더 열심히 저축하기보다, 짐을 덜었다는 해방감과 보상 차원에서 소비가 기하급수적

으로 늘어납니다. 소비가 늘어나는 건 쉬워도 줄이는 건 어렵다는 거,
여러분들 다 아시죠?

소액이라도 저축하며 대출 상환을 한다면?

대출 상환 시점이 느려지기 때문에 이자 지출이 커집니다. 하지만
상환이 끝나는 시점에 맞춰 어느 정도 목돈이 쌓이므로 대출도 다 갚
고, 돈도 모았다는 뿌듯함으로 저축에 더욱 탄력을 받아 더 열심히 저
축할 가능성이 높습니다. 물론 소비가 일시적으로 늘어날 수는 있습
니다.

정환용의 정리

① 저금리라면 저축과 부채 상환을 병행하자

② 고금리라면 무조건 부채부터 상환하자(전환대출은 필수!)

월세보다 낫다!
전세자금대출

직장인 재테크의 최대의 적 '월세'

월세만 아니면 더 저축할 텐데… (ㅂㄷㅂㄷ)

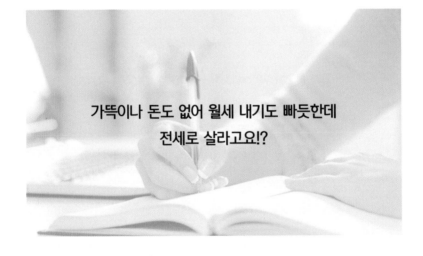

가뜩이나 돈도 없어 월세 내기도 빠듯한데
전세로 살라고요!?

전세자금대출을 이용하면
쉽게! 월세를 전세로 바꿀 수 있습니다.

(전세가의 80%까지 대출 가능!)

보통 보증금 **1,000**만 원에
45만 원 월셋집이면
전세가 **8,000**만 원 정도입니다.

월세를 전세로 옮기면?

본인 돈 1,600만 원(20%)＋전세자금대출 6,400만 원(80%)

기존 보증금 **1,000**만 원에
600만 원만 **더** 있으면 전세 가능!

그럼 **대출이자는 얼마**일까요?
6,400만 원을 3.4% 이율로 빌렸다면
1년 이자는 217만 원,
월 이자는 18만 원입니다.

월세에서 전세로 옮기면
매달 월세 45만 원에서 매달 대출이자 18만 원으로
매월 27만 원의 비용이 절약됩니다.

1년이면 '324만 원'이나 절약하는 셈!

전세자금대출을 받으면
원금을 갚아야 하지 않나요?

안 갚아도 됩니다!
전세 기간이 끝나면
그 돈을 은행에 고스란히 갚으면 되니까요.

요즘 전세 찾기 힘들다지만
발품 팔면 무조건 찾을 수 있습니다.

월세 산다면 계약 만료될 때쯤 전세 알아보는 게 어떨까요?

**전세자금대출
신청 방법**

월세보단 전세!

월세보다 이자가 저렴하니
전세자금대출에 관심이 생겼죠?

그럼 신청 방법을 알아볼까요?

내게 맞는 전세자금대출 찾기!

전세가의 **70**%가 필요하면 정부 대출

전세가의 **80**%가 필요하면 은행 대출

전세가의 **80**% 이상이 필요하면 제2금융권 혹은 보험사 대출

※ 80% 이상은 가급적 권장하지 않습니다.

전세자금대출의 가장 중요한 포인트!

집주인 동의, 전입신고/확정일자가
가능해야 대출이 됩니다.

전세자금대출 신청 절차

1 대출이 가능한지, 되면 얼마나 가능한지 확인

2 집주인이 전세자금대출에 동의해 주는 집 찾기

3 전입신고/확정일자 가능한지 확인 후 계약서 쓰기

정환용의 꿀Tip

대출 심사가 거절되고
계약금을 못 돌려받는 경우가 있으니!
계약서에 특약사항으로
"대출이 안 되면 계약은 해제되고
계약금은 돌려받는다"는 조항을
추가하세요.

전세자금대출 신청 절차

4 계약서를 들고 해당 동사무소에 전입신고 후
확정일자 받기

5 준비한 서류를 은행에 제출하고 심사 결과
기다리기

심사 결과
승인이 나면?

잔금 날짜에 맞춰 전세자금을
집주인 계좌로 송금!
그러면 전세 계약 끝!

전세자금대출에 필요한 서류는?

1 신분증
2 주민등록등본
3 확정일자를 받은 임대차계약서
4 계약금납입증명서
5 재직증명서

※ 금융사나 대출 상품마다 차이가 있으니 상담을 통해 확인하세요!

막상 해 보면 전~혀 어렵지 않은
전세자금대출 신청!

현명하게 전세로 갈아타서
깡패 같은 월세에서 벗어납시다!

대출 용어와
활용법

살다 보면
어쩔 수 없이 대출을 받아야 할 때가 생깁니다.
대표적으로는
주택담보대출이나 전세자금대출이 있겠죠?

그런데 고정금리니 변동금리니
무슨 소리인지 이해도 안 되고!
중도상환수수료는 또 무슨 말인지!

지피지기면 백전불패!
대출 용어에 대해 알아봅시다.

고정금리

처음 약정한 대출금리가
대출 기간 동안 변하지 않고
그대로 쭉~ 갑니다.
(대출금리 상승이 예상될 때 유리)

변동금리

대출 기간 동안
실제 금리와 연동해
대출금리가 변합니다.

(대출금리 하락이 예상될 때 유리)

혼합형

요즘 주로 쓰이는 형태로
고정금리와 변동금리를
합친 방식입니다.

(예: 3년 고정금리 이후 변동금리로 전환)

중도상환 수수료

정해진 기일보다
일찍 대출원금을 갚을 경우
무는 수수료입니다.

(통상 대출 시점부터
3년간 중도상환수수료가 있음)

왜 수수료를 내라고 할까요?

A가 은행에 예금을 하면
은행은 A의 돈을 B에게 대출해 줍니다.
B에게 대출이자를 받으면 A에게 예금이자를 지급하죠!

대출이자는 예금이자보다 높기 때문에
A에게 예금이자를 줘도 은행한테는 이득입니다.

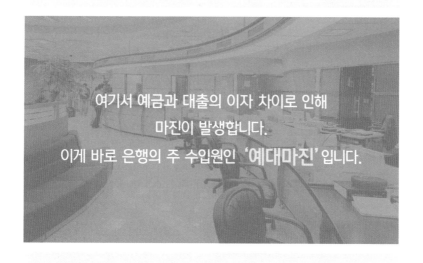

여기서 예금과 대출의 이자 차이로 인해
마진이 발생합니다.
이게 바로 은행의 주 수입원인 '예대마진'입니다.

하지만 B가 돈을 일찍 갚으면 대출이자는 없어지는데
A에게 지급해야 할 예금이자가 있기 때문에
은행 입장에서는 손해입니다.

그래서 기일보다 일찍 대출금을 갚으면
수수료를 부과하는 겁니다!

우대금리/꺾기

'꺾기' 라는
금융권의 은어가 있습니다.
대출금리를 낮춰 주는 대신
조건을 부과하는 것이죠!
(휴대폰 살 때 부가 서비스 가입하면
요금이나 할부원금 깎아 주는 거랑 비슷한 이치)

보통 월급이체, 자동이체, 해당 은행의 상품 가입 등
여러 형태가 있으며 이를 잘 이용하면
좀 더 저금리로 대출을 받을 수 있습니다!

(다만, 방카슈랑스 가입은 절대 하지 마세요!)

어느 정도 대출 용어에 대해 이해했다면
대출 실전 꿀Tip을 알아봅시다!

꿀TIP GO GO!

정환용의 꿀팁

고정금리와 변동금리, 어떤 게 좋을까?

　예전 고금리 시절에는 고정금리와 변동금리의 차이가 약 1% 났지만, 요즘은 고정금리와 변동금리의 차이가 거의 없습니다(0.1~0.3%). 단기 대출의 경우(예: 전세자금대출/2년) 변동금리를 쓰면 향후 금리 변화에 연연하게 되므로 스트레스를 받기보다는 마음 편하게 고정금리를 선택하는 것이 옳아 보입니다. 물론 우리나라의 경우 급격한 금리 인상이 없을 것이라 예측되므로 금전적으로 이득이 되는 부분은 변동금리입니다(금액이 크지 않은 이상 별 차이 없어요). 반대로 주택담보대출처럼 10년 이상의 장기 대출일 경우는 2가지 케이스로 나눌 수 있습니다.

변동금리와 고정금리의 금리 차이가 많이 난다면?

　향후 금리의 급격한 상승이 예상되지 않으면 당연히 변동금리를 선택하는 것이 옳습니다. 금리가 약간 상승하더라도 애초부터 변동금리가 고정금리보다 낮았다면 변동금리가 올라도 고정금리와 비슷하거나 낮은 금리 수준이기 때문입니다.

변동금리와 고정금리의 금리 차이가 별로 안 난다면?

　고정금리를 선택합니다. 실질적으로 금리가 급격하게 떨어지거나 오르지 않는 이상 별 차이는 없지만, 사실 대부분의 사람들은 변동금리를 선택하면 금리 상승에 대해 약간의 불안감을 느낍니다. 따라서 금리 차이가 별로 없다면 심리적 안정을 위해 고정금리를 선택하는 사람들도 있습니다.

금리가 많이 낮아지면 손해 보는 것이 아닐까 생각할 수 있지만 전환대출로 갈아탈 수 있으니 고정금리가 낫습니다(전환대출은 대출 중도상환수수료가 사라진 후 하는 것이 좋습니다. 보통 중도상환수수료 적용 기간은 대출 후 3년입니다).

거치기간과 상환기간 정하기

간혹 '빚은 빨리 없애는 게 최고지!'라며 무리하게 대출 상환기간을 짧게 잡거나 거치기간 없이 바로 상환을 시작하는 경우가 있습니다. 여유가 있다면 빨리 대출을 상환하는 게 이득입니다. 하지만 본인의 경제력에 맞춰서 기간을 정해야겠죠?

예시 1)

결혼하며 집을 구매하기로 한 맞벌이 신혼부부, 자녀계획은 1년 뒤입니다. 빨리 대출을 상환해서 이자를 줄이는 게 좋을까요? 아니면 거치기간을 두는 게 좋을까요?

맞벌이 부부이기 때문에 경제적으로 여유가 있어서 빨리 상환하고 싶은 마음이 크겠지만, 적어도 1년 정도 거치기간을 두는 게 좋습니다. 1년 뒤 자녀를 가진다면 맞벌이에서 외벌이가 되므로 소득은 줄어들고 지출은 늘어납니다. 그렇기 때문에 소득이 줄었을 때에도 대출 상환을 할 수 있을 정도로 거치기간 동안에 저축을 하는 게 좀 더 현명한 선택이라고 볼 수 있습니다.

예시 2)

사업을 확장하기 위해 대출을 받기로 한 A씨. 사업 확장 뒤에는 매출의 큰 상승이 예상됩니다. 그렇다면 대출원금을 빨리 상환해서 이자를 줄이는 것이 좋을까요? 거치기간을 두는 것이 좋을까요?

너무 쉬운 예시죠? 매출의 큰 상승이 예상되니 거치기간 없이 최대한 빨리 상환하는 것이 좋습니다. 이런 경우에는 중도상환수수료 부과 여부를 체크하는 것이 좋습니다. 매출의 큰 상승으로 대출을 금방 갚을 수 있으니, 일찍 대출금을 갚았을 때 내는 벌금성 수수료인 중도상환수수료도 꼭 계산해야 합니다!

난 생 처 음 재 테 크

5부

나만의
스위트 홈

25

독립의
경제적 손실

독립,

부모님의 애정 어린 구속(?)에서 벗어날 수 있고
진정한 자유로움을 느낄 수 있는 성인들의 로망!

그만큼 얻는 게 있으면
잃는 게 있는 법이겠죠?

독립의 대가는 자유를 얻고
경제력을 잃는다는 것!

사회초년생들이 감당하기에 큰 부담인 월세!

전국 평균을 따지면
40만 원.

(서울은 더 비싸겠죠?)

월세만 나간다고 생각하면 오산!

+ 관리비/공과금
+ 추가적인 식비 지출!
+ 가구/가전제품/생필품 비용
+ 독립의 로망으로 인한 소소한 인테리어 비용 등

월세 외에도 추가 지출이 월 **15**만 원은 발생합니다.

월세 **40**만 원+추가 지출 **15**만 원=월 평균 **55**만 원
전체적인 독립 비용은 월 **55**만 원입니다.

본가와의 거리 때문에 어쩔 수 없는 경우나
피치 못할 사정 때문에 하는 독립이 아닌
단순 자유를 위한 독립의 경우
그 자유에 대한 대가가 월 55만 원입니다.

독립 비용이 만만치 않기 때문에
월 급여 **200**만 원 이하가 독립할 경우
저축력은 남들의 절반 수준으로 뚝 떨어집니다.

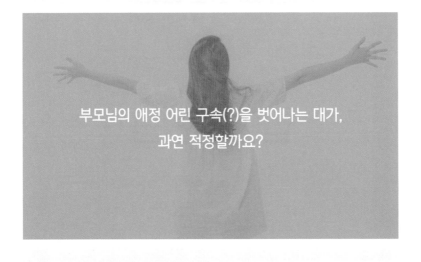

부모님의 애정 어린 구속(?)을 벗어나는 대가,
과연 적정할까요?

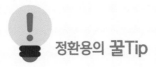

정환용의 꿀Tip

피치 못할 사정으로 독립하는 경우
4부 "월세보다 낫다! 전세자금대출" 참고!

집을 사려면
청약통장이 무조건
필수다!?

흔한 오해,

"집 사려면 무조건 청약통장 있어야지!"

부모님이 가장 많이 물려주는
'청약통장'

과연 부모님 말대로
집 사려면 청약통장이 꼭 필요할까요?

한번 알아봅시다!

당신이 사고 싶은 집의 형태는 무엇인가요?

1 아파트　2 빌라　3 주택

빌라나 주택이라면
청약통장은 가입할 필요가 없습니다.
청약통장은 아파트 청약에만 사용됩니다.

아파트에서 산다면 공영/민영 중 어디가 좋은가요?

1 공영아파트(LH)
2 민영아파트(민간 건설 아파트, 예를 들면 ㅇㅇ지오, ㅇ스테이트)

공영아파트를 원한다면 청약통장이 필수입니다.
민영아파트를 원한다면 Step 3로!

Step 3

민영아파트를 산다면 어떤 방식으로 사고 싶나요?

1 분양(지을 집을 미리 구매)
2 매매(이미 지어진 집을 구매)

매매를 원한다면 청약통장은 필요 없습니다.
민영아파트 청약은 분양 시에만 이루어집니다.
또한 모든 분양에 청약통장이 필요한 것은 아닙니다.

공영아파트에는 필수적이고
민영아파트의 경우
분양 때만 사용됩니다.

따라서 공영아파트 및 분양 외의 경우
청약통장은 필요 없다!

정환용의 꿀Tip

'어라? 나는 빌라에서 살고 싶으니까
청약통장 안 만들어야지!'

이렇게 생각하는 분들도 여유 있으면
청약통장에 2만 원이라도 꾸준히 넣길 권장합니다!

왜 **2**만 원이라도 넣어야 할까요?
20~30대의 경우 집 사려면
한~참 뒤에나 살 수 있잖아요. 그렇죠?
(의문의 팩트폭력…)

지금은 주택이나 빌라에서 살고 싶더라도

1 시간이 흐른 뒤 생각이 바뀔 수 있다
2 배우자의 의견이 나와 다를 수 있다
3 좋은 기회가 오면 청약통장을 쓸 수 있다

(사람 일은 모르니까요^^)

당장 청약(분양)에 관심이 없다면?
그래도 '최소 금액, 월 2만 원'씩 꾸준히 넣어

납입 기간과 납입 횟수 채우기!

청약에 관심이 많거나 경제적 여유가 많다면?
'최대 인정 금액인 월 10만 원'씩 꾸준히 납입하기!

※ 한꺼번에 돈 넣지 말고 꼭 나눠서 넣으세요!

돈이 없다면

행복주택

신혼 고민
독립 고민

가장 큰 고민거리는 '집 문제'

공공주택으로 해결해 볼까요?

행복주택, 뉴스테이, 공공임대 등
공공주택의 종류는 다양합니다.
그중에서 소개할 것은 '행복주택' 입니다.

(다른 공공주택도 많으니 내게 맞는 곳을 찾아보세요!)

행복주택 이란?

대 상

대학생, 사회초년생, 신혼부부,
노년층, 산업단지근로자, 주거급여수급자

혜 택

임대보증금과 임대료를
주변 시세의 60~80%로 공급!

행복주택 입주 자격은?

구분	입주 자격(모집공고일/무주택자 기준)	소득 기준
대학생	인근 대학에 재학 중인 미혼자	본인·부모 합계 소득이 평균 소득의 100% 이하, 본인이 국민임대주택 자산 기준에 충족하는 경우
사회초년생	인근 직장에 재직 중인 취업 5년 내 미혼자	본인 소득이 평균 소득의 80% 이하(세대는 100% 이하), 5·10년 공공임대 주택 자산 기준 충족
신혼부부	인근 직장에 재직 중인 결혼 5년 이내 세대 구성원	세대 소득이 평균 소득의 100% 이하(맞벌이 시 120%), 5·10년 공공임대주택 자산 기준 충족
노인계층	해당 지역에 거주하는 65세 이상 세대 구성원	세대 소득이 평균 소득의 100% 이하, 5·10년 공공 임대주택 자산 기준 충족
취약계층	해당 지역에 거주하는 주거급여수급 대상 세대 구성원	국민임대주택 자산 기준 충족
산단근로자	해당 지역 산업단지에 근무하는 세대 구성원	신혼 부부 기준과 동일

입주 자격을 봐도 무슨 소린지 모르겠죠?

1 행복주택(www.molit.go.kr/happyhouse) 접속!

2 상단 메뉴의 "입주자격 자가진단" 클릭!

질문에 대해 예/아니요만 체크하면 입주 자격 확인 완료!

입주 자격이 된다는 결과가 나와도
무조건 가능한 것은 아닙니다!

 증빙서류 검증과 자산조회 결과에 따라
입주 자격 여부가 결정!

행복주택 알림 서비스 설정하기

행복주택 "입주자격 자가진단"에 들어가
"행복주택 관심 지역 알림 서비스" 신청!
입주 정보를 받을 수 있습니다.

정부에서 서민을 위해 내놓은

'행복주택'

여러분께 행복이 닿길 기원합니다!

분양 신청하는
방법

집을 구할 때 매매하는 경우도 있지만
많은 사람들에겐 분양에 대한 로망이 있습니다.

그래서 청약도 꾸준히 넣는 거겠죠?
꿈에 그리던 내 집 마련, 분양으로 해결해 봅시다!

분양의 종류 및 신청 가능 대상

1 특별공급 생애 최초 주택 구입자, 신혼부부, 다자녀가구,
노부모 부양자, 철거주택 소유자, 기관 추천자,
외국인

2 우선공급 행정구역 통합으로 주택을 우선 공급받을 필요가
있는 기존 거주자

3 일반공급 ①, ②에 해당 사항이 없는 자

분양 절차

1 청약 신청자격 발생
2 원하는 지역의 분양 정보 파악
3 입주자 모집 공고 확인
4 청약 신청
5 입주자 선정 후 당첨자 조회
6 매매계약
7 입주!

분양 아파트 파악하기!

국토교통부가 운영하는
온나라부동산정보(www.onnara.go.kr)에 접속 후
상단 메뉴의 "분양알리미"에서
분양 정보 및 일정 등을 파악할 수 있습니다

청약 신청하기!

1 아파트투유(www.apt2you.com) 접속!
2 "청약신청바로가기" 클릭 후
절차대로 진행

* KB국민은행 청약통장 보유자는
국민은행(www.kbstar.com)에서 신청!

어때요?

어렵게만 생각했던 분양 신청, 간단하쥬~?

당신의 '내 집 마련' 꿈을 응원합니다~♥

정환용의 꿀팁

분양 신청 시 유의사항

가입 기간이 길수록, 납입 횟수 및 납입 기간이 많을수록 좋다

또한 청약 시 필수 조건 중 하나인 해당 시도에서 정해 놓은 예치금도 확인해야 합니다. 청약통장 가입 기간이 24개월 이상, 납입 횟수 24회 이상이라면 1순위입니다. 물론 그 안에서도 가점에 따라 순위가 나뉘니 참고하세요! 그리고 해당 시도에서 정한 예치금 이상의 금액이 청약통장에 있어야겠죠?

해당 시도에서 정한 예치금

구분	서울/부산	기타 광역시	기타 시군
85m² 이하	300만 원	250만 원	200만 원
102m² 이하	600만 원	400만 원	300만 원
135m² 이하	1,000만 원	700만 원	400만 원
모든 면적	1,500만 원	1,000만 원	500만 원

부양가족 수

주민등록상 등재된 세대원이 기준이며, 본인을 제외한 직계존속 세대원의 수만 해당됩니다.

무주택 기간

만 30세를 기준으로 무주택 기간을 산정합니다. 예를 들어 만 31세

이면 무주택 기간은 1년입니다(만 30세 이전에 결혼한 사람은 혼인 이후부터 무주택 기간을 산정합니다).

한 번 당첨된 청약통장은 효력 상실(재사용 불가)!

한 번 당첨된 청약통장은 청약 용도로 재사용이 불가능하며 예치금은 인출이 가능합니다. 그리고 당첨 후 최소 1년에서 최대 5년까지 재당첨 제한 기간이 있으니 신중히 청약하세요. 다만 2순위 자격으로 당첨이 되면 1순위 자격으로 청약통장을 사용하는 것은 가능합니다.

이중 청약은 불가

1인이 이중 청약을 했을 시 모두 무효 처리되며, 부부 공무원이 각각 신청했을 때도 무효 처리됩니다.

특별공급 당첨에서 탈락한다면?

일반공급 신청은 가능합니다.

분양 당첨은 공짜 집!?

간혹 분양 당첨이라고 공짜로 집을 주는 것으로 착각하는 분들이 있습니다. 제값 다 내고 사는 거니 착각하면 안 됩니다!

책 읽고 모르는 게 생기면
저한테 바로 물어보세요!

카카오톡 · 유튜브: '정쌤세' 검색
페이스북: www.facebook.com/2030boo
블로그: blog.naver.com/88boo

신혼은
전세로 시작하자

행복한 신혼 생활을 시작하는데
집 걱정 많으시죠?

결혼을 준비하다가
많이 싸우는 이유 중 하나이기도 합니다!

특히 전세와 매매 중에서 고민하는데
요즘은 전세와 매매가가 별로 차이 나지 않기 때문에
전세를 생각하다가 매매로 돌아서는 경우가 많습니다.

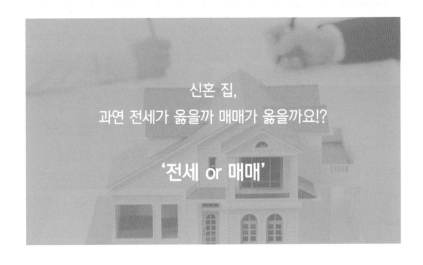

신혼 집,
과연 전세가 옳을까 매매가 옳을까요!?

'전세 or 매매'

금전적으로 여유가 없다면
가급적 전세로 가는 게 정답!

왜 가격 차이도 거의 없는데
매매가 아니라 전세일까요?

전세가 **1억 6,000**만 원, 매매가 **2억** 원일 경우
'**4,000**만 원이면 내 집 마련이니 그냥 확 매매를 할까?'

보통은 이렇게 단순하게 계산합니다.
자, 진짜 **4,000**만 원 차이밖에 안 날까요?

전세를 추천하는 이유 ①

전세가 아닌 매매를 하면
'내 집'이란 생각에 좀 더 인테리어에 투자하고 싶겠죠?
발코니도 확장하고 싶고,
가구도 좀 더 좋은 것을 사고 싶고요.

매매를 하면 취득세, 재산세,
건강보험료 인상 등의
세금이 부수적으로 발생하고
향후 집값이 오르면 매매차익에 따른
양도소득세를 내야 합니다.

그렇기 때문에
매매랑 전세랑 별로 차이가 없어 보여도
추가 비용으로 인해
생각보다 더 많은 금전적 부담을 안게 됩니다.

게다가 '내 집'을 꾸미기 위해
혼수도 좀 더 좋은 것으로 장만하고 싶겠죠?
적게는 **1,000**만 원,
많게는 **2,000~3,000**만 원 이상까지
추가 비용을 지출하게 됩니다.

전세를 추천하는 이유 ③

신혼부부가 처음부터 30평대 집을
사는 사람이 많을까요?
보통은 10평대 후반~20평대 초반의 집을 구매합니다.

만약 자녀를 2명 낳는다면?

10평대 후반~20평대 초반의 집은
4인 가족이 살기에 좁으므로
또다시 매매를 하게 됩니다.

매매 시점에 내가 살던 집값이
오르면 좋겠지만 **떨어졌다면?**

세금도 냈고 인테리어 비용까지 많이 썼는데!?
손해가 더 커집니다.

내 생애 첫 재테크 | 158

신혼 때 맞벌이로 열심히 돈을 모으면
전셋값이 올라도
보통은 저축으로 충당 가능합니다.

열심히 저축해도 돈이 부족하면
전세자금대출 조금 더 받으면 되니까
너무 걱정하지 마세요!

현명한 신혼부부라면!

조금 불편하더라도 전세에 살면서
차곡차곡 낭비 없이 열심히 모아
'평생 살 집'을 제대로 구매하길 바랍니다!

난 생 처 음 재 테 크

6부

저축,
제대로 알고 하자

적금 브레이커를 위한
적금 유지 꿀Tip

적금을 넣긴 넣는데
만기 전에 늘 사정이 생겨서 깨게 된다고요?

적금 깨기가 취미인 당신을 위한
적금 유지 꿀Tip!

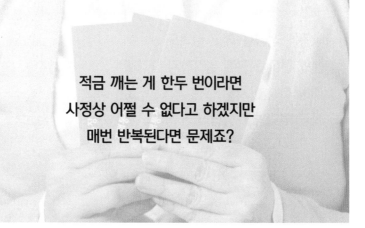

적금 깨는 게 한두 번이라면
사정상 어쩔 수 없다고 하겠지만
매번 반복된다면 문제죠?

매번 반복되는 적금 깨기 습관,
고치는 방법은 간단합니다.

'적금 해지 못하게 만들기!'

적금 해지 못하게 만들기!

1 집에서 멀리 떨어진
저축은행, 신협, 새마을금고 등 방문하기

2 적금 개설 후 자동이체 걸어 놓기

3 스마트뱅킹/인터넷뱅킹 NO!
방문 해약만 가능하도록 하기

나중에 적금을 깨고 싶어도
은행 업무 시간에 멀리까지 나가서
깨야 하니 반차를 쓰든 휴가를 쓰든 해야
적금 해지가 가능합니다.

최대한 적금 해지를 못하도록 막아 두는 것이죠!

저축 깨면 손해나게 만들기!

1 은행, 보험사에서 저축보험 가입하기

2 최대한 짧게 납입기간과 만기 설정하기
(예: 2년 납입 3년 만기, 3년 납입 5년 만기 설정)

3 통신수단으로 해지가 불가능하도록 설정

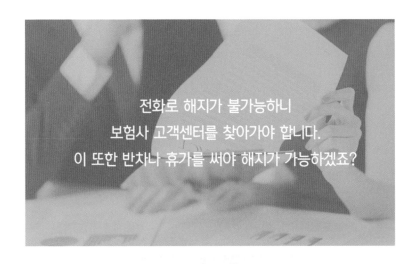

전화로 해지가 불가능하니
보험사 고객센터를 찾아가야 합니다.
이 또한 반차나 휴가를 써야 해지가 가능하겠죠?

또한 저축보험의 경우
보통 납입 완료 전에 깨면 원금 손해가 발생합니다.
당연히! 깨기 싫겠죠?

이래도 깬다면
그냥 저축하지 말고 펑펑 쓰세요!
어차피 돈 안 모을 거잖아요^^

꿀잼
적금 방법

가장 많이 하는 저축상품 '적금'

이자도 적고, 재미도 없고….

이자는 어쩔 수 없이 포기한다 치더라도
저축하는 '재미'라도 잡아 볼까요?

재미있게 저축하는 방법 **5**가지를 소개**합니다.**

(단, 조금 귀찮을 수도 있음!)

캘린더 적금

일	월	화	수	목	금	토
					1 1,000원	2 2,000원
3 3,000원	4 4,000원	5 5,000원	6 6,000원	7 7,000원	8 8,000원	9 9,000원
...						
24 24,000원	25 25,000원	26 26,000원	27 27,000원	28 28,000원	29 29,000원	30 30,000원

그림만 봐도 이해되시죠?
매달 1일에 1,000원! 2일엔 2,000원!
쭉쭉쭉! 30일엔 3만 원!

이렇게 1년을 모으면 무려 **594**만 원 적금!

작심삼일 적금

일	월	화	수	목	금	토
					1	2
3 포기	4 10,000원	5 20,000원	6 30,000원	7 포기	8 포기	9 포기
...						
24 포기	25 10,000원	26 20,000원	27 30,000원	28 포기	29 포기	30 포기

첫째날(월요일) 10,000원 저축
둘째날(화요일) 20,000원 저축
셋째날(수요일) 30,000원 저축

한 달에 **24**만 원, 1년이면 **288**만 원!

52주 적금

1주차 1,000원 1,000원
2주차 2,000원 3,000원
3주차 3,000원 6,000원
4주차 4000원 10000원
5주차 5000원 15000원

51주차 51,000원 1,326,000원
52주차 52,000원 1,378,000원

1년은 52주! 천천히 저축 금액을 늘리고 싶다면?

주마다 저축 금액을 1,000원씩 늘리세요.
이렇게 마지막 52주에 52,000원을 저축하면
1,378,000원!

풍차 적금

첫 번째 달	10만 원 저축	적금 1개
두 번째 달	20만 원 저축	적금 2개
세 번째 달	30만 원 저축	적금 3개
네 번째 달	40만 원 저축	적금 4개
다섯 번째 달	50만 원 저축	적금 5개
여섯 번째 달	60만 원 저축	적금 6개
일곱 번째 달	50만 원 저축/만기 60만 원	적금 5개/만기 1개
여덟 번째 달	40만 원 저축/만기 60만 원	적금 4개/만기 1개
아홉 번째 달	30만 원 저축/만기 60만 원	적금 3개/만기 1개
열 번째 달	20만 원 저축/만기 60만 원	적금 2개/만기 1개
열한 번째 달	10만 원 저축/만기 60만 원	적금 1개/만기 1개
열두 번째 달	만기 60만 원	

매달 적금이 만기! 총 저축금액 360만 원!

동전 레이스

**물건 사고 나면 동전들이 꼭 생기죠?
친구들끼리 똑같은 모양의
돼지저금통을 사서
누가 1등을 할지 내기하기!**

**6개월 혹은 1년 뒤 같은 날에
돼지저금통을 개봉하세요!**

**꿀잼 적금 방법을 통해
저축하는 재미도 생기고! 저축 습관도 잡고!**

이제 저축 잘할 수 있겠죠?

32

이자에 대한
모든 것

이자에 대한 모든 것! 알아볼까요?

기본적인 상식이니 꼭 기억해두세요!

1년 만기 연이율 2%, 월 100만 원씩 저축하면?

100만 원×2%×12/12=20,000원
(첫 번째 달 100만 원은 12개월 동안 있음)

100만 원×2%×11/12=약 18,320원
(두 번째 달 100만 원은 11개월 동안 있음)

100만 원×2%×10/12=약 16,600원
(세 번째 달 100만 원은 10개월 동안 있음)

...

100만 원×2%×2/12=약 3,320원
(열한 번째 달 100만 원은 2개월 동안 있음)

100만 원×2%×1/12=약 1,600원
(열두 번째 달 100만 원은 1개월 동안 있음)

원금은 **1,200**만 원이고 총 이자는 **13**만 원입니다.

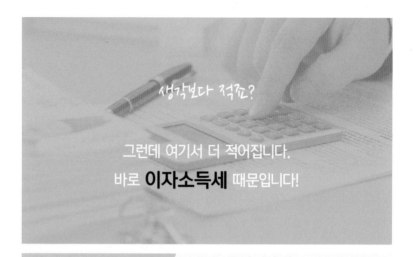

생각보다 적죠?

그런데 여기서 더 적어집니다.
바로 **이자소득세** 때문입니다!

이자소득세란?

이자는 불로소득이기 때문에
세금을 내야 합니다.
원천징수세율 14%에 지방세 1.4%를
합쳐 이자소득세라 하는데
이자 수익에서
무려 **15.4%**를 가져갑니다!

즉,

130,000원(총 이자) - 20,020원(이자소득세 15.4%) = 109,980원

월 **100**만 원씩 이율 **2%**로 **1**년 적금을 넣으면
세후 이자는 **109,980**원 입니다!

예금이자 계산법

아까 적금의 경우는 100만 원씩 12개월에 걸쳐
총 1,200만 원을 넣었죠?
예금은 1,200만 원을 깔끔하게 한 방에 넣습니다!

1,200만 원×2%×12/12 = 24만 원

원금 **1,200**만 원에 총 이자 **24**만 원을 받습니다!
계산 넘나 깔끔한 것~♥

물론 이자 24만 원에서 이자소득세를 떼고
약 20만 원을 이자로 받습니다.

예·적금 이자계산법과 이자소득세!
어렵지 않죠?

이 정도는 기본적으로 알아두셔야
"저축 좀 하네" 소리도 듣겠죠?

돈 없는 청년에게
희망을!
청년내일채움공제

600만 원 저축하면

3,000만 원 준다?

이게 사실인지 아닌지 궁금하시죠?!

사실이 맞습니다.
정부 지원 사업이므로 '먹튀' 걱정 No No

청년내일채움공제란?

 중소/중견기업에 정규직으로
취업한 청년의 장기근속과 자산형성을
지원하기 위한 제도

청년내일채움공제의 기준은
어떻게 될까요?

청년의 기준

만 15세~34세 이하로
중소/중견기업에 정규직으로 취업하는
생애 최초 취업자 또는
고용보험 가입 이력 12개월 이하

기업의 조건

고용보험 피보험자 5인 이상의
중소/중견 기업

청년내일 채움공제 2년형	**2년 간 300만 원** (매월 12만 5,000원)을 적립하면? 정부(취업지원금 900만 원)와 기업(400만 원)이 공동 적립 **2년 납입 후** 만기금 1,600만 원 + 이자 수령 가능!
청년내일 채움공제 3년형	**3년 간 600만 원** (매월 16만 5,000원)을 적립하면? 정부(취업지원금 1,800만 원)와 기업(600만 원)이 공동 적립 **3년 납입 후** 만기금 3,000만 원 + 이자 수령 가능!

자기가 낸 돈의 **5배 이상**의
돈을 받을 수 있으니
조건이 맞다면 꼭 신청해야겠죠?!

청년내일채움공제 신청방법은?

1. 청년내일채움공제 홈페이지(www.work.go.kr)
2. 신청서 작성 후 대기

3. 며칠 후 중소기업진흥공단에서 '가청약 번호' 문자가 온다
4. 내일채움공제(www.sbcplan.or.kr) 청약 신청
5. 승인통보 문자가 오면 신청 성공!

청년내일채움공제 주의사항

1. 정규직 **채용 3개월 이내** 신청
2. 정책 예산 상태에 따라 가입이 중지되었다가 재개되기도 하므로 관련 정책 내용 확인 필수

신입사원이 아닌 사람은 혜택이 없나요?

1년 이상 재직 중인 청년이라면
'청년재직자 내일채움공제'로 혜택을 받자

**청년재직자
내일채움
공제
5년형**

5년 간 600만 원 (매월 12만 원)을
적립하면?

정부(1,080만 원)와
기업(1,200만 원)이 공동 적립

5년 납입 후
만기금 3,000만 원 + 이자 수령 가능!

상사 눈치에, 빠듯한 월급에
고생하는 청년 여러분들
내일채움공제로 조금이라도 혜택을
챙기길 바랍니다!

금리는 높게,
세금은 적게!
조합원예탁금

요즘 예 · 적금 금리가 너무 낮으니
저축할 맛도 안 나고,
투자는 또 겁나고….
(아버지! 날 보고 있다면 정답을 알려줘!)

안정적으로 돈을 불리고 싶은 분들을 위한
조합원예탁금!

아버지 대신 정환용(?)이 알려드리겠습니다!

조합원예탁금이란?

지역 농 · 수협, 신협, 새마을금고에서
가입 가능한 예 · 적금!

1 시중은행보다 높은 금리!

2 낮은 세율!

일반 예·적금은 이자소득세 15.4%를 떼는데
조합원예탁금은 1.4%의 농특세만 뗍니다!
무려 14%의 절세 효과!

조합원예탁금의 단점

출자금통장을 개설해야 합니다!

출자금통장이란?

해당 기관에 투자하고
조합원이 되겠다는 의사표시로 만드는 통장!

각 지점마다 다르지만
보통 1~3만 원만 넣으면 됩니다.

출자금통장의 돈은 **투자금!**

조합원예탁금으로 가입한 통장은
원금이 보장되는 예 · 적금 상품!

즉, 투자가 싫으면
출자금통장에 최소 금액만 넣고
조합원예탁금으로
높은 금리와 세금 혜택을 받으면 됩니다!

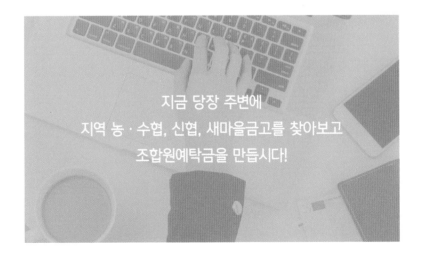

지금 당장 주변에
지역 농 · 수협, 신협, 새마을금고를 찾아보고
조합원예탁금을 만듭시다!

은행을
너무 믿지 마세요

여러 금융사 중에서
우리랑 가장 친한 금융사는 **은행**이죠!
은행 언니가 하는 말이면 왠지 믿음이 갑니다!

은행 언니가
적금이자 낮다고 펀드 추천해 주면 솔깃!
목돈 만들라고 저축보험 추천해 줘도 솔깃!
신용카드도 만들 수 있다고 하면
'나도 써볼까?' 솔깃!

적금 만들러 온 나에게

은행 언니는 왜!

펀드, 보험, 카드를 추천해 줄까요!?

은행의 주 수입원은

예대마진(예금과 대출의 이자 차이)입니다.

그런데 금리가 낮아지니! 예대마진도 적어지네요!

 예대마진이 적어지니
다른 방법으로 수입을 올려야겠죠?

은행이 친숙해서 고객들이 많이 방문하니
다른 금융사의 상품(펀드, 보험, 카드 등)을 대신 팔고
판매 수수료를 받습니다!

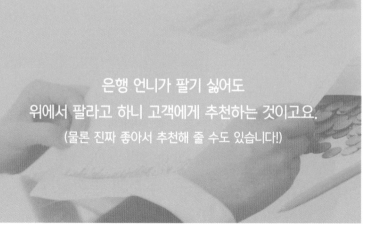

은행 언니가 팔기 싫어도
위에서 팔라고 하니 고객에게 추천하는 것이고요.
(물론 진짜 좋아서 추천해 줄 수도 있습니다!)

고객에게 판매하면
판매 수수료를 받고 부수입도 생기니
적극적으로 판매하는 직원도 있습니다.

은행의 타 금융상품 권유, 나쁜 것인가?

1 상품

은행에서 가입하든 원래 금융사에서 가입하든
똑같거나 은행이 좀 더 좋습니다.

2 막무가내 추천

짧은 상담 시간으로 고객의 투자 성향, 재정 상태,
재무 목표 등의 파악이 어렵습니다.

은행의 타 금융상품 권유, 나쁜 것인가?

3 상품에 대한 이해 부족

은행 직원이 타 금융사의 상품을 팔기 때문에
상품에 대한 이해가 부족합니다.
고객 또한 '은행이니까'라는 생각으로 가입했다가
손해 보는 경우가 많습니다.

은행의 타 금융상품 권유, 나쁜 것인가?

4 관리의 부재

펀드 등의 투자형 상품은
들어가고 나오는 시점이 중요한데 관리가
잘 안 될 확률이 높습니다.
보험 또한 장기상품으로 관리가 필요하지만
좋은 관리를 받기 어렵습니다.

우리와 가장 친숙한 금융사, **'은행'**.
왜 내게 은행 상품이 아닌 다른 회사의
상품을 권하는지 아셨죠?

제대로 알고 제대로 파악해
좋은 상품에 제대로 가입합시다!

정환용의 꿀팁

은행에서 판매하는 대표적 펀드들입니다.

① ○○밸류고배당
② ○○밸류10년투자
③ 한때 유행하는 해외 펀드

①, ②번 같은 국내 펀드의 경우 큰 손실이 나는 경우가 드물지만 ③번 같은 해외 펀드일 경우 주로 신흥국 투자 펀드를 추천받기 쉽습니다. 투자를 잘 모른다면 가급적 국내 펀드! 기왕이면 안전한 '채권형 펀드'를 추천해 달라고 하세요!

다음은 은행에서 판매하는 보험인 '방카슈랑스'의 특징입니다.

① 목돈, 1억 원 만들기, 장기적금이라고 착각하기 쉽다.
② 몇 년 납/몇 년 만기라는 설명이 있다.
③ 상품명에 '보험'이라는 단어가 들어간다.
④ 은행 스마트뱅킹이나 인터넷뱅킹에서 확인이 불가능하다.

방카슈랑스는 보험입니다. 적금이 아닙니다. 오히려 조기 해지 시 손해가 발생하기 때문에 꼼꼼히 확인하고 가입하는 습관이 중요합니다.

36

공제회,
해야 할까?

공제회!
선배들이 추천해 주고
다들 하는 거 같으니 많이 가입했죠?

과연 추천할 만한 상품일까요?

공제회의 장점?

1 시중은행 적금보다 높은 금리
2 낮은 세율로 인한 절세 효과
3 단리보다는 복리에 가까운 이자
4 급여에서 차감되니 강제 저축의 효과

오, 이렇게 보니 장점이 많으니
추천할 만하군요!?

하지만 공제회!

소액으로 하거나 아예 하지 않는 것을 추천합니다.

공제회의 단점!

1 조기 해지 시 이자 삭감 지급

2 변동금리(금리는 계속 내려가고 있다!)

3 가입 기간에 따라 배율이 다르다

4 예금자보호 불가능

음, 단점이 생각보다 빈약하다고요?

할 만한 것 같다고요?

정환용의 꿀팁에서

좀 더 자세히 알아봅시다!

정환용의 꿀팁

공제회마다 이자 삭감에 차이가 있지만 보통 5년 이내 해지 시 은행 적금 수준의 적은 이자를 받을 가능성이 높습니다. 그리고 사회초년생이라면 보통 5년 이내에 결혼 혹은 독립 비용 등의 목돈이 나갑니다. 즉, 향후 5년 이내 공제회 해지를 할 가능성이 높다면 공제회를 가입하지 않는 것이 좋습니다.

그렇다면 써야 할 목돈을 제외하고 나머지 금액을 공제회에 넣어 장기로 끌고 가면 좋을까요? 여기서 공제회가 '변동금리'라는 것을 꼭! 생각해야 합니다. 과거 고금리였던 공제회 금리는 2013년 8월 5.7%에서 2016년 7월 3.42%로 2.28% 하락했습니다(경찰공제회 기준).

저금리가 지속될수록 공제회 금리도 계속 하락하겠죠? 즉, 장기적으로 봐도 예상보다 적은 이자를 받을 가능성이 높습니다. 또한 공제회에는 배수율(배율)이 적용되어 10년, 20년, 30년 기준으로 이율이 다릅니다. 공제회에서 말하는 최대 금리 조건은 '30년' 동안 유지했을 때입니다. 지금부터 금리가 떨어지지 않는다 가정하고 공제회를 30년간 유지해도 원금의 2배도 안 되는 돈을 받게 됩니다. 환급률에 차이가 있겠지만 모든 공제회의 현재 기준으로 보면 원금의 2배가 안 됩니다. 설령 30년 뒤 2배가 된다 해도 물가 상승률을 생각하면 메리트가 없습니다.

공제회, 추천할 만한 상품일까요? 판단은 여러분의 몫입니다.

나를 위한

적금

축하합니다!

한 달에 **100**만 원씩 꾸준히 **1**년간 저축한 결과
적금이 만기되어 **1,200**만 원이 생겼네요!

자, 이제 당신에겐 목돈 **1,200**만 원이 생겼습니다.
이 **1,200**만 원을 어디에 쓸 건가요?

1 오! 여행 다녀와도 남겠는데? 여행 가야지!

2 비싸서 못 사던 물건, 드디어 살 수 있겠군!

3 목돈 생겼으니 내가 거하게 쏜다! 나와!

4 힘들게 모았으니 한 푼도 안 쓰고
  그대로 저축이나 투자를 해야겠다!

4 번을 선택해서
한 푼도 안 쓰고 고스란히
저축이나 투자를 한다는 사람은
많지 않을 겁니다.

혹시
'1,200만 원이니까 200만 원 정도는 써도 괜찮겠군!
1,000만 원만 다시 저축해야지!'
이런 안일한 생각을 했나요?

그런 **안일한 생각의 결과**가
현재 당신의 통장 잔고입니다.

열심히 저축해도 생각보다
모은 돈이 없는 이유이기도 하죠.

언제나 사람에게는
적절한 '보상'이 필요합니다.

저축에 대한 보상은
너무 과해도 안 되고, 너무 부족해도 안 됩니다.

보상이
너무 과하면

열심히 저축하여 모은 돈이
확연히 줄어드는 모습을
확인할 수 있습니다.

상대적 허탈감을 느끼는
경우도 많습니다.

'여태 이렇게 모았는데
정작 나한테 투자한 건 없구나.
난 무엇을 위해 돈을 모았지?'

보상이
너무
부족하면

적절한 보상!
바로 '나를 위한 적금'입니다.

한 달 저축 금액이 **100**만 원이라 가정하면

1 90만 원은 재투자를 위한 목돈 마련 저축
(한 푼도 쓰지 말고 다시 저축!)

2 10만 원은 저축하느라 고생한 나를 위한 적금
(여행을 가거나 사고 싶던 물건 사기!)

저축 시작부터 1년 후
나에게 주는 보상을 확실하게 정하면
저축에 대한 동기 부여와 함께
만기 시 허투루 쓸 수 있는 경우를
미연에 방지할 수 있습니다.

'나를 위한 적금'

이 매력적인 적금을 시작해 보세요!

정환용의
꿀Tip

나를 위한 적금 금액은

통상 총 저축 금액의 1/10 이하가

적정선입니다!

책을 읽다가 궁금한 게 생기면?

카카오톡 '정쎈세' 검색 후
정환용에게 질문 주세요!

CMA의 탄생

우리나라 사람들 은행 참 좋아하죠?

은행에만 돈이 집중되고
증권사는 사람들로부터 외면을 받습니다.

고객이 증권사도 방문하고!
돈도 맡겨 봐야 투자를 할 텐데
은행만 선호하니 문제가 심각합니다!

"은행에만 집중되는 돈을 어떻게 증권사로
끌어올 수 있을까?"

은행의 **자유로운 입출금**과
증권사의 **높은 수익**을 결합한 상품을
내놓으면 고객은 증권사를 방문하겠죠?

증권사의 만능통장 CMA는 이렇게 탄생했습니다.

CMA 파헤치기

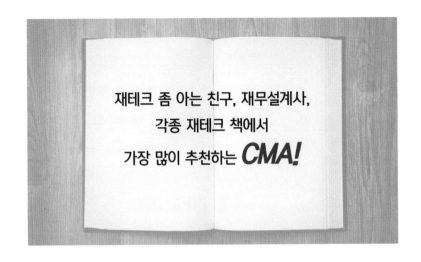

재테크 좀 아는 친구, 재무설계사,
각종 재테크 책에서
가장 많이 추천하는 **CMA!**

하지만 아무리 들어 봐도
CMA가 뭔지 모르겠죠?

쉽. 고. 확. 실. 하. 게. 알. 아. 봅. 시. 다.

CMA란?

CMA는 증권사의
수시입출금 통장!

은행의 일반적인 통장이랑
같다고 보시면 됩니다.

그런데 왜 CMA를 만들라고 하는 걸까?

수시입출금 통장이지만
이자를 매일매일 많이많이! 줍니다.

(예: CMA 금리는 1.2%,
은행의 일반 수시입출금 통장 금리는 0.1%)

잉? 이자를 많이 주는 게 수상한데, 원금 손실 가능성은?

CMA는 매우×100 안전한 곳에 투자하기 때문에
원금 손실 가능성이 극히 낮습니다.
그래도 불안하다면? 원금보장형 CMA에 가입!

CMA는 어디서 만들까?

증권사에 직접 방문해 만들거나
증권사 홈페이지 혹은 어플을 통해
신청할 수 있습니다.

(CMA는 증권사 상품입니다!
은행에서 CMA 찾지 마세요!)

정환용의 꿀팁

CMA에는 몇 가지 종류가 있습니다. 물론 아무것도 모르는 상태로 CMA를 만들러 가도 증권사에서 친절히 설명해 주겠지만 어느 정도는 알고 가는 게 좋겠죠?

① 종금형 CMA: 우량 어음이나 채권에 투자(예금자보호 ○)

② RP형 CMA: 국공채나 A등급 이상의 회사채에 투자(예금자보호 ×)

③ MMW형 CMA: 한국증권금융에 예수금으로 예치 후 투자(예금자보호 ×)

④ MMF형 CMA: CP, CD 콜 등 단기금융상품에 투자(예금자보호 ×)

예금자보호가 되는 종금형 CMA를 가입할 수 있는 곳은 메리츠종금, 유안타증권뿐입니다. 그 외의 증권사들은 RP · MMW · MMF형만을 취급하니 참고하세요!

참고로 CMA는 원금 손실 가능성이 매우 낮습니다. 보통 국공채나 한국증권금융에 예수금으로 투자 및 운용되니 사실상 원금 손실 가능성은 0%에 가깝습니다. 물론 절대적 0%는 아닙니다. 2008년 리먼 사태 및 금융위기 당시 미국의 일부 MMF가 손실을 낸 사례가 있었기 때문에 희박한 원금손실 가능성조차도 배제하고 싶다면 종금형 CMA가 알맞습니다.

참고로 저는 종금형 CMA가 아닌 MMW형 CMA를 사용합니다.

CMA
실전 활용법

CMA라는 신세계에 눈을 뜬 당신,
혹시 CMA를 저축용으로 생각하나요?

CMA 실전 활용법을 배워 봅시다!

CMA는 어떤 용도로 써야 할까?

이렇게 보니 느낌이 팍팍 오지 않나요?

일반 통장	CMA	적금 통장
입출금 ○	입출금 ○	입출금 ×
0.1% 금리	1.2% 금리	1.5% 금리

CMA는 적금 용도로 쓰기엔 적금보다 금리가 낮습니다.
하지만 수시입출금 용도로 쓴다면
일반 통장보다 금리가 높으니 유리하겠죠?

즉, CMA는 '비상금 통장'으로 쓰는 것이 좋습니다.

CMA에 체크카드 기능도 있던데
생활비카드로 쓰는 것도 좋을까요?

No! CMA는 금리가 일반 통장보다 높지만
할인 혜택은 체크카드보다
비교적 낮습니다.

게다가 생활비카드로 쓰면
금액을 적게 넣고 계속 쓰기 때문에
이자 혜택이 더욱 줄어듭니다.

차라리 일반 체크카드의 할인이나 페이백/적립 혜택으로
이득 보는 것이 현명한 판단입니다.
CMA는 경조사 등에 쓸 '비상금 통장'으로 사용하세요!

그리고 비상금 통장으로 CMA 쓸 때
꼭 수수료 면제 조건을 살펴보세요.
(이자보다 이체수수료가 더 많이 나가면 안 되겠죠?)

정환용의 꿀팁

CMA 이자가 높다 해도 비상금을 10만 원, 20만 원 넣어 봤자 실질적으로 이자가 늘어나는 것을 체감하기는 힘듭니다. 그럼에도 CMA를 꼭 만들라는 이유는 비상금 통장의 이유도 있지만, 잠시 목돈이 거쳐 가는 통장으로 제격이기 때문입니다.

예시 1)

적금 만기로 1,000만 원이 생겼습니다. 이 돈으로 바로 예금 및 투자를 할 수 있지만 어디에 넣을지 고민하는 순간이 분명 생깁니다. 그러면 CMA에 넣어 두는 게 효과적이겠죠?

예시 2)

결혼 준비할 때 목돈을 계속 써야 하죠? 돈을 묶어 두기도 애매한 상황! CMA에 목돈을 넣어두고 필요할 때 꺼내 쓰는 게 효율적입니다!

예시 3)

2달 뒤 집 계약금으로 써야 하는 2,000만 원이 있다면? CMA에 보관!

내가 어떻게 활용하느냐에 따라 CMA는 좋은 상품이 될 수도, 필요 없는 상품이 될 수도 있습니다. 여러분에게 CMA는 좋은 상품인가요?

난 생 처 음 재 테 크

7부

지금 시대는
투자 말곤
할 게 없다

41

사람들이
투자를
싫어하는 이유

투자,
좋아하는 사람이 많을까요?
싫어하는 사람이 많을까요?

대부분의 사람들은 투자를 싫어합니다.

왜? 원금 손실이 무서우니까!
주변에 손해 본 사람이 많으니까!

당신에게 적금 만기로 **1,000**만 원이 생겼습니다.
예금을 하려는데 은행 언니 왈
"요즘 금리가 너무 낮은데 펀드 어떠세요?"

나보다 투자 고수인 은행 언니가 하는 말이니
안전한 펀드를 하고 싶다고 했습니다.

그런데 은행 언니 왈
"한 3년 정도 묵혀 두면
무조건 수익이 날 거예요^^"

케이스 1

3년 후… 믿고 했지만
수익률은 **-10%**에 손해 금액이 **100만 원**입니다.

기분 어떠신가요?

이때 마침 친구가 찾아와서
"펀드 가입해 볼까 하는데 어때?"
라고 물어봅니다.

추천할 건가요? 아니면 하지 말라고 할 건가요?

3년 후… 믿음에 보답하듯이
수익률 **10%**에 수익 금액은 **100만 원**입니다.

이때 마침 친구가 찾아와서
"펀드 가입해 볼까 하는데 어때?"
라고 물어봅니다.

추천할 건가요? 아니면 하지 말라고 할 건가요?

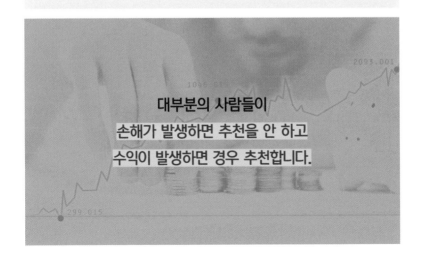

대부분의 사람들이
손해가 발생하면 추천을 안 하고
수익이 발생하면 경우 추천합니다.

공통점은 잘 모르고 투자했다는 사실입니다.

차이점은 수익이 발생하냐,
손해가 발생하냐의 차이!

투자에 대해 아무것도 모르고 남의 말만 듣고 하는 묻지 마 투자!
김장김치마냥 꺼내 보지도 않고 묵혀 두는 묵은지 투자!

수익이 발생할 확률이 높을까요?
손해가 발생할 확률이 높을까요?

지금 같은 저금리 시대에는
투자 말고는 할 게 없습니다.

이 와중에 투자하지 말라는 사람은
본인이 손해를 봤거나
주변 사람들이 손해 본 말만 듣고
투자에 대해 판단했겠죠?

이 파트를 통해
투자에 대해 쉽고 간단히 배울 수 있으니
꼭 반복해서 읽어 보시고 실천해 보시길 바랍니다!

Let's go!

종잣돈부터? 투자부터?

수많은 친구, 직장동료, 선배, 상사,
거기에 '자칭' 재무설계사들이 말합니다.

종잣돈부터 모으고 투자하라고.

하지만 제 생각은 다릅니다.
종잣돈 모으기 전에 투자를 해야 합니다.
투자하면서 종잣돈을 모으는 게
가장 Best Choice입니다.

**투자를 시작하지 않은 채로
종잣돈을 모으면 어떻게 될까요?**

A씨는 **1,000만** 원의 종잣돈을 모을 동안
단 한 번도! 투자를 안 해 봤습니다.
이제 종잣돈을 모아 투자를 시작하려는데
얼마를 투자해야 할지 감이 안 잡힙니다.

여러분이 투자가 처음이라면
1,000만 원으로 얼마를 투자하겠습니까?

1 100만 원(10%) ~ 200만 원(20%)

2 200만 원(20%) ~ 400만 원(40%)

3 400만 원(40%) ~ 600만 원(60%)

4 600만 원(60%) ~ 800만 원(80%)

5 800만 원(80%) ~ 1,000만 원(100%)

여러분이 **선택한 금액의 %**가
지금 저축 금액에서 **투자해야 할** 액수입니다.

즉, **100**만 원을 선택했다면
지금부터 저축액의 **10%**는 투자해야 합니다.

종잣돈을 모아서 10% 투자할 사람이라면
지금부터 10%를 투자해야 Risk가 적습니다.

종잣돈을 모아서 처음으로 투자하려면?

1 심리상 목돈을 잃을 수 있다는 생각에
투자를 더 꺼립니다.
2 돈을 어디에 얼마를 투자할지 감이 안 잡힙니다.

종잣돈을 모아서 첫 투자를 했는데 손실이 났다면?

1,000만 원을 투자했다가
-10%의 손실이 발생했습니다.
즉, **100**만 원 손해입니다.

이러면 다시 투자를 하려 할까요?

'아! 투자는 역시 어렵고 손해 보기 딱 좋구나.'
'난 그냥 적금이나 해야겠다.'

이러지 않을까요?

저축하고 투자를 같이 하면서 종잣돈을 모아야지
나중에 종잣돈이 생겼을 때
투자를 잘할 수 있습니다.

투자도 연습입니다.
적은 돈이라도 직접 투자를 해야 배울 수 있고
투자 실력도 늘어납니다.

게다가 **소액**으로 **투자**하면
손실이 나도 그 금액이
상대적으로 적습니다.

요즘 금리는 **1%**대, 월급도 잘 안 <u>오르고</u>
자영업자의 대부분이 힘든 지금 이 시대에
여러분은 어떤 방법으로 돈을 불릴 건가요?

지금의 20대에게
투자는 선택이 아니라 필수입니다.
투자! 두려워 마세요.

43

가장 안전한 투자,
채권

투자는 늘 위험하다? No!

투자에 대한 편견을 없애는
'안전한 투자'를 소개합니다.

'채권'

들어본 적 있나요?
어감이 안 좋은 게 왠지 느낌이 싸~하죠?

채권이란?

'채무증권'의 줄임말로
돈을 빌려주는 것을 말합니다.

채권자: 돈을 빌려주고 이자를 받는 사람
채무자: 돈을 빌리고 이자를 내는 사람

채권은 **국채**와 **회사채**로 나눌 수 있습니다.

> 국채: 국가가 발행한 채권
> 회사채: 회사가 발행한 채권

채권을 산다는 건 돈을 빌려준다는 뜻입니다.

국채를 사면? 국가에게 돈 빌려주기!
회사채를 사면? 회사에게 돈 빌려주기!

돈을 빌려줄 때는 이자를 정해서 빌려주죠?
채권도 돈을 빌려주는 거니까 이자가 있겠죠!
즉, 채권을 사면 정해진 이자를 받는 것입니다.

예시

채권명: 포스코건설52
신용도: 저위험(A+)
투자 기간: 253일
(2017년 11월 4일 만기)
연이율: 2.55%

채권명: 대한항공68
신용도: 중저위험(BBB+)
투자 기간: 1년
(2017년 10월 24일 만기)
연이율: 3.6%

이처럼 어느 회사의 채권인지, 회사 신용도는 어떤지,
투자 기간은 어느 정도고 연이율이 몇 %인지
정확하게 알 수 있습니다.
(각 증권사 홈페이지에서 확인 가능!)

어때요? 예금보다 괜찮죠?

예금보다 이율도 좋지만 채권의 단점도 있습니다.

1 중도 해지 불가능(투자 기간을 채워야 합니다)
2 투자 도중 회사가 망하면 원금 손실이 생김

어떤 회사의 채권인지, 그리고 신용도가 중요하겠죠?

'투자는 늘 위험하다'는 편견!
채권으로 그 편견이 깨졌기를 바랍니다!

44

주식 투자를
해야 하는 이유

"주식은 완전 극혐이야!"
이런 분들 많죠?

하지만 주식, 꼭 해야 합니다!

당신이 주식을 해야 하는 이유 1

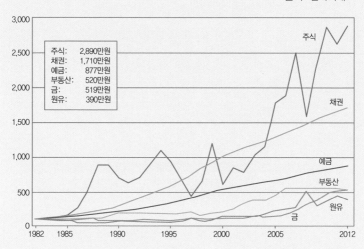

출처: 한국거래소

주식:	2,890만원
채권:	1,710만원
예금:	877만원
부동산:	520만원
금:	519만원
원유:	390만원

1982년 말에 100만 원을 투자해 얻은
30년간 수익률 그래프입니다.
많은 설명 없이 그래프 하나로 끝입니다.

1982년부터 2012년까지 **30**년간 수익률을 보면
위험성 투자인 주식이 **29**배로 1등,
안전한 투자인 채권은 약 **17**배로 2등,
여러분이 사랑하는 부동산은 약 **5**배에 불과합니다.
약 9배인 예금보다 낮다니 충격적이네요!

이렇게 끝내면 아쉽겠죠?
과거 자료를 봤으니
앞으로 주식 투자를 더 해야 하는 이유를 볼까요?

당신이 주식을 해야 하는 이유 2

기계와 자동화가 점점 일자리를 위협합니다.
우리의 **노동소득은 점점 하락**하겠네요.

인건비가 줄면 기업의 이윤이 올라갈 확률이 높겠죠?
지금도 노동소득에 비해 기업의 이윤이 더 늘어나고 있습니다.
앞으로도 이럴 확률이 높아지겠죠.

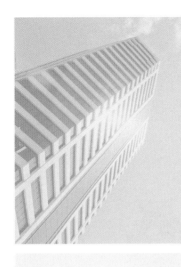

그럼 우리는 어디에
투자를 해야 할까요?

'**기업**' 입니다!

'기업'에 투자하는 방법은 무엇일까요?

'**주식**' 입니다!(답정너···)

이제 왜 주식에 투자해야 하는지 아셨죠?

주식, 알고 보면 어렵지 않습니다.
다음 내용들을 보고 주식을 정복해 봅시다!

45

주식 투자로
망하는 이유

주식 = 패가망신의 지름길

대부분 이렇게 생각하죠?
왜 우리는 주식 투자로 망할까요?

'잘 모르면서 남의 말만 듣고 한다!'

이런 뻔한 이유 말고 다른 이유를 찾아봅시다!

주가는 하루에 **±30%**까지 움직입니다.
즉, 하루 변동 폭이 최대 **60%**입니다. 엄청나죠?

그만큼 변동 폭이 크니까
위험성도 높고 가격도 휙휙 바뀌다 보니
하루 종일 주식창만 들여다볼 수밖에 없습니다.

일에 집중도 안 되고,
주식이 오르면 그날 기분이 좋고!
주식이 떨어지면
그날 기분이 안 좋고!

주가 변동이 심하니 일보다 주식에 집중합니다.
그리고 하루에도 몇 번씩 주식을 사고팔고 하죠!

이러한 행동을 '단타' 라고 합니다.

직장인이라면 '단타'는 하지 말아야 할 행동입니다.

주식의 노예가 될 뿐만 아니라,
직장인은 단타로 수익을 내기 어렵습니다.

'단타'
왜 하면 안 될까요?

주식도 거래할 때
세금이 나갑니다.
매도 금액의 0.3%!
기타 수수료까지
더하면 더 크겠지만
0.3%의 거래세만 생각해 볼까요?

주식을 하루 한 번씩 사고팔고
수익이나 손해가 없다 가정하면,
230일 만에 원금이 반 토막 납니다.

Why? 0.3%의 거래세 때문이죠.

0.3%의 세금을 우습게 보고
하루에도 몇 번씩 주식을 사고파는 사람이 많습니다.
굉장히 잘못된 행동이죠?

직장인은 여유를 가지고
주식을 길게 봐야 합니다.
적어도 한 달, 길면 **3년**입니다.

그래야 주식을 찾을 때도 단기 유행이 아닌
믿고 투자할 만한 좋은 기업을 찾을 수 있고,
심적으로 여유도 생기며 직장 생활에도 무리가 없습니다.

제발! 여유를 가지고 주식 투자합시다!

정환용의 꿀팁

주식으로 망하는 사람들! 그 이유를 알아볼까요?

하루에도 몇 번씩 단타 매매를 하는 사람들

단타를 치면 본전치기라도 거래세 때문에 원금이 1년도 안 되어 반 토막 나는 건 이제 아시겠죠? 단타로 수익을 내는 사람도 있겠지만 직 장인은 단타 금지! 꼭 명심하세요.

손절을 안 하는 사람들

주식 용어 중 '손절'이란 말이 있습니다. 손해 보고 판다는 것이지 요. 보통 −10% 손해 본 후 다시 +10%의 수익이 발생했다면 본전이 라 생각하지만 그게 아닙니다!

손실 만회 필요 수익률

원금	손실률	잔고	손실을 만회하기 위한 필요 수익률
1,000만 원	−5%	950만 원	5.30%
	−10%	900만 원	11.10%
	−20%	800만 원	25.00%
	−30%	700만 원	42.90%
	−40%	600만 원	66.70%
	−50%	500만 원	100.0%

예를 들어, 원금 10만 원에서 −10% 손해가 나면 남은 금액은 9만 원입니다. 그 9만 원에서 +10% 수익이 나면? 최종 금액은 99,000원입니다. 손해가 커지면 커질수록, 그 손해를 극복하기 위해서는 더 큰 수익이 필요합니다.

그러면 사람들은 손절을 왜 안 할까요?

'손해 본 게 너무 아까워!', '언젠가는 오르겠지! 곧 오를 거야!'

이렇게 버티다 −10% 손해가 나면 더더욱 손절을 안 하게 됩니다. 수익률이 −20%를 넘어가면 '에이 뭐 없는 돈이라 생각하고 내버려 두자!'

이런 식으로 자기 합리화를 하면서 손해는 점점 커집니다.

주식의 높은 수익률에 현혹되는 사람들

주식하는 사람들의 공통점은 수익률에 대해 굉장히 무디다는 것입니다. 한 달간 내가 가진 주식이 2%만 올라도 적금 1년 치 이자보다 높겠죠? 매우 높은 수익이지만 대부분 이 정도 수익에 만족하지 못합니다. 왜냐? 하루에도 30%씩 오르는 종목들이 있고, 주변에서 '테마주' 같이 근거 없는 유행 종목들로 10%, 20% 수익 내는 거 보면 참 부럽기도 하고! 나도 따라 해야 하나 싶기도 하고! 이러니 1%, 2% 수익에 크게 좋아하지도 않습니다. 적금할 때는 우대금리를 영 점 몇 %라도 받으려 애썼는데 말이죠.

하지만 여러분!

특히 주변에서 매일같이 "10% 먹었어, 5% 먹었어"라고 자랑하는 사람들, 지금도 열심히 직장 다니죠? 하루에 10%씩 꾸준하게 수익을 낸다면 1년이면 수백 · 수천억 자산을 가진 부자가 됩니다.

한 달에 꾸준히 5%씩만 수익을 올려도 1년이면 약 원금의 2배입니다. 주변에 수익 자랑하며 테마주 찾는 사람들 중에 이런 사람 있나요?

절대 고수익에 혹해서 주식하지 마세요. 급하게 올라갈수록 내리막길도 가파른 법입니다.

남의 정보에만 기대는 사람들

부자들은 웬만한 사람들보다 투자에 대해 더 많이 알고 있습니다. 왜 그럴까요? 자산도 많으니까 전문가에게 맡기면 될 텐데요.

내가 아는 게 있어야 상대방이 전문가인지 사기꾼인지를 판단할 수 있습니다. 아무리 전문가라도 늘 옳은 판단을 하는 것도 아니고, 자신의 돈이기 때문에 투자에 대해 어느 정도는 알아야겠죠? 그렇기 때문에 부자들은 투자에 대해서도 어느 정도 조예가 깊습니다.

투자에 대해 어느 정도 알고 난 다음 정보를 받고 거기서 옥석을 가려 투자를 하는 것과 아무것도 모르는 상태에서 정보를 받고 꼭두각시처럼 '묻지 마 투자'를 하는 것이 부자와 일반 사람들의 차이겠죠?

주식 투자 시에는 앞의 4가지 사항을 꼭 명심해 현명하게 투자하길 바랍니다!

46

어플로
주식 투자하는 방법

막상 **투자**를 해 보려는데
어디서부터 시작해야 할지 막막합니다!

주식 투자 해 보고 싶어도
어렵게 느껴져 포기하는 분들 많죠?

'도' 안 어려우니 한번 배워 볼까요?

주식 계좌 만드는 방법

1 은행이나 증권사에 가서 주식계좌 개설하러 왔다고 합니다.
통장 만드는 거랑 똑같습니다. 인터넷이나 어플로도 계좌 개설이
가능합니다.

2 계좌를 개설했으면 어플을 다운 받고 공인인증서를 등록합니다.
스마트 뱅킹하듯 하면 됩니다.

3 주식계좌(위탁계좌)에 투자하고 싶은 만큼 돈을 넣습니다.
계좌이체로 주식계좌에 돈을 넣으면 됩니다.

제가 쓰는 증권사 어플 화면입니다!

주식 투자하는 방법

1 증권사 어플에 들어가 '국내주식' 〉 '주식주문' 버튼을 누른다.

2 '매수' 탭에서 사고 싶은 종목을 검색 후, 몇 주를 얼마에 살지 정하고 '현금매수' 버튼을 누릅니다(주식은 사람이 서로 사고팔기 때문에 가격이 맞아야 살 수 있습니다. 검색 때 뜨는 가격이 현재 거래 가격입니다).

3 주식을 팔고 싶을 땐 ①과 동일한 방법으로 들어온 후 '매도' 탭을 누르고 몇 주를 얼마에 팔지 정해 '현금매도' 버튼을 누릅니다.

(어플마다 약간의 차이가 있습니다!)

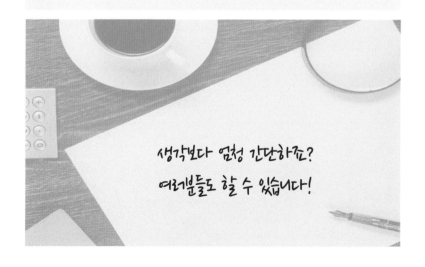

생각보다 엄청 간단하죠?
여러분들도 할 수 있습니다!

적금 대신
배당주에 투자하기

배당
[Dividend, 配當]

소유 지분에 따라 주주들에게
기업이 이윤을 분배하는 것.

주식을 산다는 건 그 기업에 '투자'하는 거죠?
기업의 이윤이 많이 발생하면 투자자에게
이윤을 나눠 주는 것!

그게 바로 '배당'입니다.

다른 기업들보다 배당을 많~이 하는 주식을
'배당주'라고 합니다.

주로 배당주에 투자할 때는
주가의 4% 이상을 배당(배당 수익률 4% 이상)하는
기업에 투자합니다.

쉽게 예를 들면!

샘송전자 주식을 1,000주 샀고, 주당 400원 배당이라면
배당 수익으로 40만 원을 받는 것이죠!
(1,000주 × 400원 = 40만 원)

주가가 1만 원이고 주당 400원 배당이면 배당 수익률은 4%.

여러분의 쉬운 이해를 위해
은행과 비교하면,
'배당금 = 이자', '배당수익률 = 이율'
이라고 생각하면 됩니다.
(쉬운 이해를 위한 예시일 뿐입니다)

배당주가 뜨는 이유는?

1 저금리 시대로 인해
배당 수익률이 은행 이율을 앞지른다!

2 기업들이 과거에 비해 배당을 늘리고 있다!

배당주의 메리트는?

1 배당을 많이 하는 기업은 **재무적으로 우량한 경우**가 많다.

2 **배당수익과 주가의 시세차익**(매매수익)을 동시에!

3 **주가가 떨어져도 배당수익으로** 손해를 메울 수 있다.

우량 기업에 투자하기 때문에 투자가 안정적이며,
투자가 잘되면 배당수익과 시세차익을 동시에 얻을 수 있고,
잘 안 되더라도 배당수익을 통해 손해를 줄일 수 있다!

배당주 투자의 메리트이며 매력입니다!

start!

배당주 투자,
한번 시작해 볼까요?

정환용의 꿀팁

적금 대신 배당주를 고를 때 참고해야 할 사항

① 업황이 안정되고 재무적으로 괜찮은 기업이 좋다.

② 주가의 변동 폭이 작은 기업이 좋다.

③ 배당을 꾸준히 하는지를 확인하자.

④ 배당이 꾸준히 증가하고, 배당수익률이 높은 기업이 좋다.

배당주 투자 시 유의해야 할 사항

금리 상승 시에는 배당주의 매력이 떨어진다.

저금리 환경에서 배당주가 각광받는 것과 연계해서 생각하면 간단합니다.

배당주는 통상 상반기에 주가가 떨어질 확률이 높고, 하반기에 주가가 오를 확률이 높다.

보통 연말에 배당을 하는 기업들은 12월 마지막 날이 배당기준일이므로, 배당기준일이 지난 다음에는 배당락이 발생해 주가가 떨어지기 시작합니다. 통상 배당금 규모를 알 수 있는 2월까지 주가가 천천히 하락하며, 다시 배당 시즌이 돌아오는 하반기에는 천천히 오르기 시작합니다(모든 배당주가 그런 것은 아닙니다).

※ 배당기준일이란?

배당 자격이 있는 사람들의 기준이 되는 날로, 이때 주식을 가진 사람만 배당을 받을 수 있습니다. 단, 배당기준일의 2거래일 전에 사야 소유권이 확정되어 배당을 받을 수 있습니다. '배당기준일 D-2'를 꼭 명심하세요!

적금 대신 하기 좋은 배당주 '맥쿼리인프라'

맥쿼리인프라는 사회기반시설에 투자하는 기업으로 도로, 터널, 항만, 대교 등을 만들고 통행료를 걷는 일을 합니다. 서울 지하철 9호선에도 투자했었고, 우면산터널, 인천국제공항고속도로, 인천대교, 천안-논산고속도로, 백양터널, 용인-서울고속도로 등에도 투자했습니다. 맥쿼리인프라는 왜 투자하기 좋을까요?

① 꾸준한 통행료로 안정적인 수익!

② 현재 배당수익률 4~5%로 적금보다 훨씬 높다!

③ 2018년 이후에는 배당수익률이 6% 이상으로 예측!

④ 주가의 변동 폭이 일반 주식에 비해 매우 적음!

예시로 알려드린 종목일 뿐이니, 투자 시에는 정확한 정보를 파악한 후 신중히 투자하시기 바랍니다!

투자의 기본, 펀드!

예·적금 이자는 **1%**대로 쥐꼬리만 하고!
투자는 해야겠는데,
어떻게 할지 모르겠다고요?

우리가 가장 많이 접하는 투자상품인

'펀드'

정환용이 쉽게 알려드리겠습니다!

주식이나 채권, 금 등에 투자하고 싶은데
어디에 어떻게 투자해야 할지 감이 안 잡히죠?
그래서 나온 게 펀드입니다.

즉, 펀드는 '바구니'라고
생각하면 됩니다.

펀드가 여러분의 투자금으로

주식을 사면? 주식형 펀드!
채권을 사면? 채권형 펀드!
금을 사면? 금 펀드!

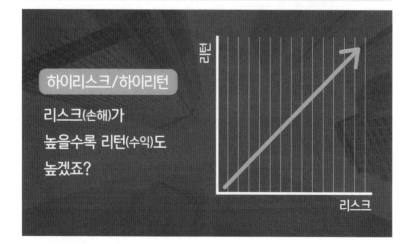

하이리스크/하이리턴

리스크(손해)가
높을수록 리턴(수익)도
높겠죠?

리턴

리스크

펀드는 위험도에 따라 이렇게 구분됩니다!

채권형 펀드	(저위험)
채권혼합형 펀드	(저~중위험)
주식혼합형 펀드	(중~고위험)
주식형 펀드	(고위험)

펀드 이름으로 펀드의 특성을 알아봅시다!

펀드 이름에는
'자산운용사'의 명칭과
어느 '지역', 어떤 '테마'에 투자하는지
그리고 '무엇'을 사는지
명확하게 나와 있습니다.

이름을 보고 아래처럼 해석하면 됩니다!

프랭클린템플턴	미국	바이오 헬스케어	투자신탁 [주식-재간접형]	Class C
자산운용사	투자 지역	투자 테마	주식형 펀드 (고위험)	수수료 체계

신영	밸류 고배당	증권투자신탁[주식]	Class A
자산운용사	투자 테마	주식형 펀드(고위험)	수수료 체계

IBK	그랑프리 국공채	증권투자신탁[채권]	Class S
자산운용사	투자 테마	채권형 펀드(저위험)	수수료 체계

※ 펀드에 지역명이 없으면 국내 투자입니다.

프랭클린	미국	바이오 헬스케어	투자신탁 [주식-재간접형]	Class C
자산운용사	투자 지역	투자 테마	주식형 펀드	수수료 체계

"이 펀드를 운용하는 곳은 프랭클린템플턴이구나."
"미국의 바이오(제약)와 헬스케어(건강) 관련 기업에 투자를 하네?"
"[주식]이라고 써 있는 걸 보니 주식형 펀드구나!"
"Class C면 수수료는 나중에 떼는 상품이군!"

이제 어느 정도
펀드의 대략적인 틀을 알 수 있겠죠?

펀드
고르기 ①

수익을 추구하고 싶으면 **주식형 펀드!**
안정을 추구하고 싶으면 **채권형 펀드!**

펀드
고르기 ②

내가 투자하고 싶은
지역이나 테마가 있다면
펀드명을 잘 살펴보고 고르면 됩니다!

이제 은행에서 펀드를 추천해도

이게 채권형 펀드인지 주식형 펀드인지,
어느 정도 위험성이 있는지,

구분 잘할 수 있으시죠!?

은행 예·적금으로는 불어나지 않는 내 돈!
여러분들의 성공적인 투자를 응원합니다!

펀드는
매달 돈 낼
필요 없다

펀드는 원래부터 **납입**이 '**자유**'?

그럼 적립식 펀드, 거치식 펀드는 뭘까요?

적립식 펀드 매달 정해진 날짜에 자동이체로 납입하는 펀드

거치식 펀드 한 번만 목돈을 넣고 납입을 안 하는 펀드

하지만 **적립식 · 거치식 펀드라는 개념은 애초에 없습니다!**

거치식으로 하다가 돈 내고 싶으면 내고!

적립식으로 하다가 돈 내기 싫으면 안 내도 됩니다!

사람들이 예 · 적금에 적응이 돼서

적립식 · 거치식이라는 개념으로 설명을 하는 거지

펀드는 '자유적금'처럼 내고 싶을 때 내면 됩니다!

 정환용의 꿀Tip 펀드는 단돈 1만 원으로도 할 수 있으니 부담 없이 한번 도전해 봅시다!

펀드 같은 주식,
ETF

요즘 각광받는 금융상품인 'ETF'

채권, 주식, 펀드도 배웠으니 ETF도 배워 볼까요?

'ETF(Exchange Traded Fund)' 란?

쉽게 말해
주식시장에서 거래되는 펀드라고 생각하면 됩니다.

주식에서 종목(기업) 고르기 어렵죠?
ETF는 그러한 고민을 해결해 줍니다.

주식시장이 상승할거 같으면 지수를 추종하는 ETF!
주식시장이 하락할거 같으면 지수 관련 인버스 ETF!
금이 오를 거 같다!? 금 관련 ETF!

펀드랑 투자 방식은 비슷한데
사는 방법은 주식이랑 같습니다.

그래서 주식시장에서 거래되는 펀드로
생각하면 쉬운 거죠!

ETF의 장점은?

1 시장이 오를 때나 떨어질 때나 모두 수익추구가 가능하다
'인버스 ETF'는 떨어질 때 수익이 가능하니 기존 금융 상품과 차별화되죠?

2 저렴한 거래 비용
매도 시 증권거래세 면제! 게다가 수수료도 일반 펀드보다 쌉니다
(단, 해외 ETF는 배당소득세가 발생).

3 분산투자가 가능하다
개별 주식 투자에서는 종목 선정이 어렵지만, ETF는 업종 관련 테마에
분산 투자가 가능합니다.

ETF,

용어만 어렵지 막상 해 보면 넘~나 간단한 것~♥
ETF에 도전해 보는 건 어떠세요!?

정환용의 꿀팁

대표적인 ETF 상품을 소개합니다.

시장대표지수 ETF

종목명	기초지수명	최초 상장일	운용사
KODEX 200	코스피 200	2002. 10. 14	삼성자산운용
KOSEF 200	코스피 200	2002. 10. 11	우리자산운용
TIGER 200	코스피 200	2008. 4. 3	미래에셋맵스자산

환율 ETF

종목명	기초지수명	최초 상장일	운용사
KOSEF 미국달러선물	미국달러선물지수	2011. 2. 23	우리자산운용
KOSEF 미국달러선물 인버스	미국달러선물지수	2011. 4. 1	우리자산운용

지수연동 ETF

종목명	기초지수명	최초 상장일	운용사
KODEX 레버리지	코스피 200	2010. 2. 17	삼성자산운용
KODEX 인버스	코스피 200 선물지수	2009. 9. 14	삼성자산운용
TIGER 레버리지	코스피 200	2010. 4. 9	미래에셋맵스자산

스타일별 ETF

종목명	기초지수명	최초 상장일	운용사
KODEX 삼성그룹	MF 삼성그룹	2008. 5. 20	삼성자산운용
TIGER 현대차 그룹+	MKF 현대차 그룹+FW	2011. 3. 10	미래에셋맵스자산
KStar 5대그룹주	MF 5대 그룹	2008. 10. 21	케이비자산운용

상품 ETF

종목명	기초지수명	최초 상장일	운용사
KODEX골드선물(H)	S&P GSCI Gold Index(TR)	2010. 9. 29	삼성자산운용
TIGER원유선물(H)	S&P GSCI Crude Oil Enhanced Index(TR)	2010. 8. 2	미래에셋맵스자산

51

ELS,
믿고 해도
되는 거야?

ELS(Equity-Linked Securities): 주가연계증권

ETF도 그렇고 이름들이 왜 이렇게 어려운지?
그래도 쉽고 빠르게 알아봅시다!

ELS에는 지수형과 종목형이 있습니다.
이 상품은 한마디로
증권사와 수익률 '내기'를 하는 상품입니다.

예시

기초자산: A, B, C 지수
수익률: 조건 충족 시 연 6% 수익
조기상환 평가주기: 6개월
만기: 3년

조기상환 조건
6개월: 95%
12개월: 90%
18개월: 85%
24, 30개월: 80%
36개월: 65%

즉, 가입 후 6개월마다 A, B, C 3가지 조건을 체크해서
가입 당시보다 조기상환 조건 이하로 떨어지지 않으면
연 6%의 수익을 지급해 주겠다는 겁니다!

보통 **3**년간 **6**번의 기회가 있으며,
시간이 지날수록 조건이 완화되니
수익이 날 확률이 높겠죠?

그래서 ELS를 대표적인
'**중위험 중수익**' 상품이라 합니다.

하. 지. 만
제 개인적인 생각으로 ELS는
엄연히 '**고위험 중수익**' 상품입니다.

왜 *ELS*가 '**고위험 중수익**'인가?

1 녹인(Knock-in) 형은 조기상환 조건과 별개로 원금 손실의
　가능성이 있다

2 중도 해지 시 수수료로 인해 원금 손실 가능성이 크다

3 3년간 조건을 못 채워 원금 손실이 발생하면 그 금액이 매우 크다

4 조건이 하나라도 안 맞으면 상환이 불가능하다

가장 중요한 이유는
손실이 나면 보통은 기본 **20%** 이상을 찍는데,
수익이 나면 가입 때
약정 수익(보통 **5~10%**)만이 지급됩니다.

ELS를 현명하게 투자하려면?

1 노녹인(No Knock-in) 형 상품을 고르자!

2 종목형보다는 지수형!

3 기초자산 숫자가 적을수록 유리하다!

4 안정적 투자를 원하면 원금보장형 상품!

5 중도해지 시 수수료에서 손해가 나니 꼭 여유자금으로 투자하자!

6 분산 투자로 리스크를 줄이자!

ELS,
생각보다 위험한 상품이니
꼭 제대로 알고 투자하기 바랍니다!

52

가상화폐,
투자할까 말까?

요새 가장 뜨거운 투자 이슈는
바로 가상화폐(비트코인 등)가 아닐까 싶습니다.

에에~?

설마 아직도 가상화폐가
뭔지 모르는 건 아니죠?

가상화폐란?

실체가 없이 사이버상에서만
거래되는 암호화 화폐!
국가 혹은 중앙기관이 아닌,
거래자들이 관리하기 때문에
기존 실물화폐의 대체재로
각광받기 시작했습니다.

가상화폐 왜 떴을까?

가상화폐는 예전에도 알음알음 퍼져 있었지만,
2017년 5월 랜섬웨어 해커 집단이
암호를 풀어주는 대가로 비트코인을 요구해
대중적으로 알려졌습니다.

가상화폐의 장점은?

1 **블록체인 기술이라 해킹에 대해 안전하다**
모든 사용자의 컴퓨터를 동시에 공격해야 하므로 해킹이
사실상 불가능하다.

2 **직접결제 방식이라 거래비용이 저렴하다**
해외송금 등을 가상화폐로 이용하면 거래 비용이 제로에 가깝다.

3 **거래 비밀이 보장된다**(익명성)

가상화폐의 단점은?

1 **가상화폐 자체는 해킹에 안전하지만 거래소**
혹은 개인이 해킹당할 수 있다

2 **거래의 익명성으로 인해 불법적**(돈세탁, 탈세 등)**으로**
이용될 가능성이 높다

가상화폐 투자 Tip

실물화폐 가치가 불안할 때는
가상화폐 가치가 상승합니다.
가상화폐가 새로운 안전자산으로 떠오르기 때문에
리스크 헷지 용도로는 나쁘지 않습니다.

가상화폐에 대한
정환용의 개인적 생각

가상화폐의 **종류는 수없이 많으며,**
미래에 어떤 것이 화폐로 제대로 인정받을지 모릅니다.
또한 24시간 가격 제한폭이 없는 거래는
화폐가치의 급등락을 유발하기도 합니다.

그렇다고 대세적인 흐름인 가상화폐를
외면하기도 힘들겠죠?
단기적 **투기**보다 장기적 **투자**로!

본인 자산 1~5% 내에서의 분산 투자라면 적절하다고 생각합니다:)

53

P2P 대출 투자, 해도 될까?

요즘 정말 핫한 투자가 있죠?

특히 SNS상에서 마케팅을 많이 해
20~30대 투자자에게 각광받는
'P2P 대출 투자!'

P2P 대출이란?

금융기관을 거치지 않는
온라인 플랫폼에서
개인 간에 필요한 자금을 지원하고
대출하는 서비스를 **말합니다.**

P2P 대출업체를 통해
내 돈을 누군가에게 빌려 주고 이자를 받는 것이죠!

P2P 대출의 프로세스

제1금융권 등에서 대출받기 힘든 사람이나
대출이 더 필요한 사람들이 신청을 하고,
업체가 심사한 뒤 통과되면 P2P 업체가
관련 고지를 합니다.
일반 투자자들이 그 고지를 보고
신청자에게 대출(투자)을 해 주는 것입니다.

우리나라 대출시장은
제1금융권을 넘어가면 대출금리가 매우 높아집니다.
이러한 대출시장의 문제점을 해결하기 위해
대출자에겐 '중금리', 투자자에겐 '중수익'을
제공하는 플랫폼이 P2P 투자입니다.
미국의 '랜딩클럽'을 벤치마킹한 것이죠.

언뜻 보면 매우 좋아 보이는데, 늘 그렇듯 체크해 봐야겠죠?

P2P 투자할 때 체크 리스트

1 부실업체인지 따져보자

우리나라는 '돈 좀 된다!' 싶으면 다들 우후죽순 생기죠? 2015
년 말 27곳이었던 P2P 업체는 무려 1년 6개월 만에 150여 곳
으로 늘어났습니다. 늘 그렇듯 문 닫는 곳도 줄줄이 생기는 중
입니다.

P2P 투자할 때 체크 리스트

2 대출 연체율 0%에 속지 말자!

P2P 대출시장 자체가 생긴 지 얼마 안 됐기 때문에 아직 연체율
이 낮을 수밖에 없습니다. 이 와중에도 0%였던 P2P 업체들의 연
체율이 조금씩 올라가고 있습니다. 심하면 연체율 15%인 곳도
있으니 꼭 체크해야 합니다!

P2P 투자할 때 체크 리스트

3 연체율/부도율/대출 잔액/P2P 협회 회원사 여부를 파악하자

자사 홈페이지에 연체율/부도율/대출 잔액을 공개하지 않는 업체도 있을뿐더러, P2P 협회에 소속된 업체는 약 50곳에 불과합니다. 금융당국의 제대로 된 감시가 없는데 협회 자체의 회계감사까지 안 받는다면 검증할 방법이 없겠죠?

※ 협회 소속이 아니라고 모두 문제 있는 것은 아닙니다.

4 세전수익률에 현혹되지 말고 세후수익률을 보자

P2P 투자의 세금은 27.5%로 상당히 높습니다. 그래서 세후수익률을 보는 것이 좋습니다.

5 후순위 대출채권보다는 선순위 대출채권 위주로!

후순위 채권은 업체가 망했을 때 원금을 돌려받기 힘듭니다.

6 높은 이자 수익에는 그만큼 리스크가 따른다

당신의 투자 손실은 P2P 업체가 책임지는 것이 아니라 본인이 책임지는 것입니다.

P2P 투자!
'이제야' 조금씩 법적으로
가이드라인이 생기고 있습니다.
그만큼 조심해서 투자하는 거 잊지 마세요!

난 생 처 음 재 테 크

8부

보험,
모르면 호갱님

54

가장 무서운
금융상품, 보험

보험! 정말 신중하게 가입해야 하는데….
엄마 친구나 지인 통해서 가입했는데
설명을 들어도 잘 모르겠고
좋은 거라고, 자기도 가입했다고 하니
믿고 가입하셨죠?

보험, 왜 제대로 알고 가입해야 할까?

1 보험은 최소 10년 이상 납입!

월 10만 원이라 쳐도 10년이면 무려 1,200만 원!
차 살 때는 그렇게 신중하면서 보험은 왜…?

2 조기 해지 시 어마어마한 손실!

보험은 장기상품이라 초반에 해지하면 페널티가 심합니다.
이상한 거 가입했으면 어쩌려고…?

과연, 나는 좋은 보험 가입한 게 맞을까요?

확인하러 갑시다!

55

생명보험 vs. 손해보험,
어디가 좋을까?

보험회사 참 많은데,
그 와중에 생명보험은 뭐고 손해보험은 뭔지….

알아야 제대로 가입하겠죠?

생명보험, 손해보험은 이름을 보면 알 수 있다!

생명보험사
이름에 생명이 붙음(○○생명).

손해보험사
이름에 손해, 해상, 화재가 붙음
(○○손해보험, ○○해상, ○○화재).

생명보험사와 손해보험사의 차이는?

과거엔 생명보험사는 정액보장,
손해보험사는 실손보장으로 구분되었지만
요즘엔 이러한 구분이 무의미!
둘 중 보장이 좋은 곳으로 가입하면 됩니다.

생명보험과 손해보험, 어디가 어떤 보장이 더 넓을까?

사망	생명보험사가 더 좋음
암	손해보험사가 더 좋음
뇌혈관질환	손해보험사가 더 좋음
심혈관질환	손해보험사가 더 좋음
수술	생명보험사가 더 좋음
입원	손해보험사가 더 좋음
실손의료비	손해보험사가 더 좋음

**즉, 생명보험과 손해보험의 조합이 가장 좋으나
가격이 부담되면 필요한 보장이 더 좋은 것을 가입!**

보장 범위에 대한 간단 해설

1 사망

생명보험은 일반 사망으로 사망 시 무조건 보험금 지급!
손해보험은 질병 혹은 상해로 죽어야만 사망보험금 지급!

2 암

생명보험은 가입 2년 이후 100% 보장!
손해보험은 가입 1년 이후 100% 보장!
(중요! 생명보험보다 손해보험이 일반 암의 보장 범위가 넓음)

보장 범위에 대한 간단 해설

3 뇌혈관질환

생명보험사는 뇌출혈만 보장,
손해보험사는 뇌졸중(뇌출혈+뇌경색)
보장
일부 손해보험사는
뇌혈관질환까지 보장!

4 심혈관질환

생명보험, 손해보험 모두
급성심근경색 보장
일부 손해보험사는
허혈성심장질환까지 보장!

조사기관: 한국보건사회연구원
환자조사자료(매 3년마다 조사)
뇌혈관질환 환자 수: 23,372명

내용이 많이 어렵지만
내가 어느 부분을 중점적으로 보장받고 싶은지
파악해서 고르는 게 가장 중요합니다!

대략적인 큰 틀을 파악하는 데 집중하세요!

56

갱신형과 비갱신형,
뭐가 유리할까?

보험에서 갱신형, 비갱신형은
또 뭐란 말인가!
고려할 것도 많은 보험…
너란 놈, 어려운 놈….

갱신형이란?

1년, 3년 등의 일정 보험 기간마다
나이와 위험률을 다시 적용해
계약을 갱신하는 형태입니다.

갱신형 보험의 장단점

장점 처음에는 보험료가 저렴!

단점 만기까지 보험료를 계속 납입해야 하고
갱신 때 보험료가 올라감!

보험 만기가 80세라면
80세까지 쭉~ 보험료를 내야겠죠?
보험료는 계속 오르고!

그래서 젊은 사람들은 보통 '비갱신형'을 선호합니다.
(2030세대가 80세, 100세까지 보험료를 낼 수 없잖아요…)

갱신형이 알맞은 사람은?

1 연세가 많은 부모님 세대!
비갱신은 비싸기 때문에 갱신형을 조합해 저렴히
보장받는 게 좋습니다.

2 비갱신형이 있고 추가 보장을 원하는 젊은 세대!
보험료 절감 차원에서 추가 보장을 갱신형으로 하는 것도
좋습니다!

비갱신형이란?

보험 가입 당시 정해진 보험료를
정해진 기간(10년, 20년 등) 동안
내고 보험 만기 때까지
보장받는 형태입니다.

예시) '20년 납 100세 만기'
(가입 때 금액을 20년 동안 내고 100세까지 보장)

비갱신형 보험의 장단점

장점 정해진 기간에만 보험료를 내면
그 이후까지 쭉~ 보장!

단점 초기 보험료가 갱신형에 비해 비쌈!

비갱신형이 알맞은 사람은?

젊은 세대!

젊은 세대가 갱신형 보험을 가입하면 당장 보험료가 싸서
부담이 안 되더라도 시간이 갈수록 올라가는
보험료를 감당할 수 없습니다.
그렇기 때문에 애초에 비갱신형을 가입하는 것이 좋습니다.

갱신형, 비갱신형에는
각각 장단점이 있으므로
내게 맞는 형태를 잘 선택해서
후회 없이 보험 가입을 합시다!

57

보험료의
선택 기준

사회초년생뿐만 아니라 어른들도
보험에 대해서는 설계사에게
많이 의지할 수밖에 없습니다.
보험료가 비싸도 '원래 이런가 보다' 하고
가입하는 경우도 많죠.

많은 보험설계사나 재무설계사들이
"월급의 5~10%를 보험료로 지출하라!"
말하지만
사실 크게 와닿지 않습니다.

보험의 보장뿐만 아니라 보험료 또한
개인에 따라 차이가 있을 수밖에 없습니다.

나이에 맞게, 개인 상황에 맞게 알아볼까요?

직장인 연령대별 선택 기준

1 20대 초중반 실비＋상해(4~5만 원)

2 20대 후반   실비＋상해＋질병(8~9만 원)

3 30대 초반   실비＋상해＋질병＋추가보장(13~14만 원)

(기준: 손해보험사/20년 납 90세 만기 비갱신/소멸형)

20대 해설

결혼 등으로 곧 목돈 지출이 많으므로
보장성 보험의 지출을 최소화해 종잣돈을 만드는 것이 중요**합니다.**

하지만 젊고 건강하다 해도 사람 일은 모르는 것이니
필수 보험인 실손의료비는 꼭 가입하고,
질병보다는 상해의 위험이 더 높으니 상해를 추가합니다.

그 후 어느 정도 경제력이 되면 질병 쪽 보장을 추가하세요.

30대 해설

어느 정도 경제력이 되고 점점 보험료가 비싸지니
늦기 전에 부족한 보장 부분을 추가해서
더 이상의 보험 가입이 없도록 해
보험료를 많이 내지 않도록 합니다.

경제력에 문제가 없다면?

경제적 여력이 된다면 젊었을 때 보험을 든든하게 드는 것이 좋습니다. 보험료는 나이가 들수록 비싸지니까요!

나이가 많아질수록 같은 보장이라도 3,000~5,000원 정도의 가격 차이가 발생합니다.

보장이 든든해야 하는 경우

1 가족력(3대 혹은 4촌 이내 같은 질환 2명 이상)이 있는 경우

2 기왕력(자신이 과거 앓았던 병력)이 있는 경우

3 보험 보장에 대해 필요성을 많이 느끼는 경우

이러한 분들은 애초에 처음부터 보장을 든든하게 가져가는 게 좋겠죠?

나는 어떤 사람이고 경제력은 어느 정도인지 잘 파악해 본인에게 맞는 보험료를 정하고 과도한 보험료 지출을 예방합시다!

보험은
소멸형이 좋다

보험에서 **환급형** 고집하는 분들 많죠?
소멸형이면 내 돈 없어지는 거 같으니까!
왠지 손해 보는 기분이라서!

하지만
보험은 소멸형이 가장 좋습니다.

왜 환급형 말고 소멸형을 추천하는지 알아봅시다!

보험의 구조

Q 1억 원 보장에 월 10만 원인 소멸형 보험!
이 보험을 환급형으로 바꾸는 조건은?

A 그냥 몇 만 원 더 내면 됨!

환급형과 소멸형의 차이는
돈을 더 내느냐, 덜 내느냐의 차이입니다.

"몇 만 원 더 내고 환급형 가입하는 게 좋지 않나요?"
이런 질문이 생기겠죠?

돈을 더 내더라도 그 돈이 다 쌓이는 게 아닙니다.
환급형으로 만들기 위해 낸 돈에서도
보험사는 사업비(수수료)를 가져갑니다.

보험은 은행이 아닙니다!

게다가 향후 물가 상승에 따른
화폐가치의 하락까지 고려하면
환급형의 메리트는 더 사라지겠죠?

돈 더 내고 환급형으로 바꿀 바엔
그 돈을 차라리 저축하는 게 좋습니다.

물론 회사나 상품마다 차이가 있어서
환급형밖에 설계가 안 되는 상품도 있습니다.
가급적 소멸형으로 설계해서 가입하는 게 이득입니다!

그래도 고객이 환급형만 고집한다면?

설계사 입장에서는 땡큐입니다.
실적, 수당 더 많이 받으니까요^^

환급형 vs. 소멸형
당신의 선택은 어느 쪽입니까?

59

자동차보험은
어떻게 가입할까?

자가운전자의 필수 보험인 **자동차보험!**

가격도 거의 **100**만 원 선으로
만만치 않습니다.

이렇게 비싼 자동차보험!

매년 가입해야 하는데
설계사에게 가입할까요? **인터넷**에서 가입할까요?

가격은 인터넷(다이렉트)이 싸다!

설계사가
아무리 모든 보험사와
비교해 싸게 해 줘도
다이렉트보다 쌀 수 없습니다.

설계사 가입과 다이렉트의 가격 차이는
무려 **10~20%**!

설계사의 견적이 150만 원이라면
다이렉트는 130만 원 정도로
약 20만 원 차이가 납니다!

서비스는
설계사 가입이
좋다!

다이렉트는 비용 절감 때문에
보험사 직원 한 명당 담당 고객이
설계사 가입 고객보다 많습니다.
서비스의 질이 상대적으로
낮을 수밖에 없겠죠?

또한, 사고 났을 때
보험사 직원의 도움뿐만 아니라
담당 설계사가 있다면 내 일처럼 도와주겠죠?

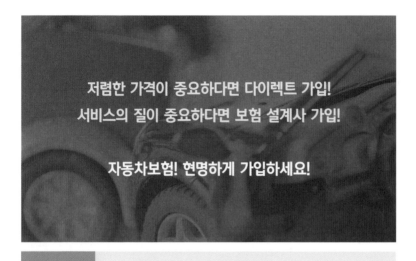

저렴한 가격이 중요하다면 다이렉트 가입!
서비스의 질이 중요하다면 보험 설계사 가입!

자동차보험! 현명하게 가입하세요!

정환용의
꿀Tip

요즘 외제차가 많으니
**대물한도는 꼭 5억 원 이상으로
해 달라고 하세요!**
그래 봤자 가격 1~2만 원 차이입니다.

(다이렉트도 한도를 정하는 게 가능!)

정환용의
꿀Tip

자동차보험은 매년 가입해야 합니다.
하루라도 가입 시기를 놓치면
과태료(최소 9,000원~최대 230만 원)가 있으니
참고하세요!

※ 이륜차도 자동차보험이 필수입니다.

운전자보험은
1만 원이면 충분하다

자동차보험은 필수라서 어쩔 수 없이 가입했는데,
운전자보험도 가입해야 할까요?

자동차보험
사고 시 상대방을 위한 보상과 **민사적 책임 대비**

운전자보험
사고 시 운전자를 위한 보상과 **형사적 책임 대비**

둘 다 가입하는 게 좋겠죠?

홈쇼핑에서나 설계사들이
보통 운전자보험 **2만 원 이상**을 추천하는데
그렇게 비싼 돈 내고 운전자보험을
가입할 필요는 없습니다.

운전자보험의 가장 핵심 특약 3가지입니다.

1 교통사고처리지원금
2 벌금
3 변호사 선임비용

왜 이 3가지 특약이 중요할까?!

자동차 사고로 사망 또는 11대 중과실 사고 시
형사합의금, 벌금, 변호사 선임비용 등이 발생하기
때문입니다! 가장 큰 금액이 지출되니까요.

이 3가지 특약만 넣으면
운전자보험은 5,000원 정도에 불과합니다.

여기에 입원했을 때나 다쳤을 때
보상을 받고 싶으면 특약을 더 넣죠!
그럼 당연히 가격이 더 비싸지겠죠?

그런 이유로 운전자보험이라고 가입했는데
어떤 사람은 **몇 천 원**에 가입하고,
어떤 사람은 **2~3만 원**에 가입하는 겁니다.

운전자보험,
당신을 위해 몇 천 원짜리라도 가입하길 바랍니다!

자동차는 너무나 위험하니까요!

정환용의
꿀Tip

운전자보험은 손해보험사에서만 가입이 가능하며,
최소 보험료 기준이 없어서 1만 원 이하로
가입 가능한 보험사는 딱 한 군데뿐입니다.

저렴한 운전자보험에 대해 궁금하다면
카카오톡에서 '정센세' 검색 후 문의 주세요!

변액보험,
과연 무엇일까?

변액보험

(變額保險, Variable Life Insurance)

변동이 심한 생명보험?
무슨 뜻일까요?

변액보험은 적립금, 해지환급금이 변동되는 보험입니다.

보통 보험은
'금리(이율)'에 따라 적립금이 달라지죠?
하지만 변액보험은
'투자 실적'에 따라 적립금이 달라집니다.

어떤 투자 실적일까요?

변액보험 안에는 펀드가 여러 개 있기 때문에
'펀드'의 투자 실적에 따라 적립금이 갈립니다.

즉, 변액보험은 투자형 보험이므로
일반 보험보다 '관리'가
매우 중요합니다.

변액보험 안에 펀드가 여러 개인 이유도
경제 상황에 맞게 펀드를 옮겨 다니면서
수익을 추구라는 뜻입니다.

관리를 잘하면

일반 보험보다 훨씬 높은 수익을 거둘 수 있지만,

관리가 안 되면

일반 보험보다 훨씬 낮은 수익으로 원금조차
받지 못할 가능성도 많습니다.

현실적으로 대부분의 설계사들은
변액보험을 팔고 나 몰라라 하는 경우가 많습니다.

그렇기 때문에 결국 변액보험으로 많은 손해가 발생했고
고객들은 변액보험을 극혐하게 되었죠ㅠㅠ

저금리로 인해 이율이 낮은 걸 생각하면
변액보험이 일반 보험보다 훨~씬 메리트가 있습니다.
(단, 관리를 잘해서 높은 수익을 추구했을 경우)

※ 참고사항

변액보험의 펀드 변경(펀드를 이동하는 것)은
설계사가 아닌 **본인이 '직접' 해야 합니다.**
관리 잘하는 설계사라면 펀드 변경하라고
고객에게 조언을 해 주겠죠?

당신의 변액보험,
혹시 방치되진 않았나요?

종신보험,
꼭 필요할까?

"남편이 죽고 10억을 받았습니다."

기억나나요?
모 생명보험사의 종신보험 광고 카피입니다.

종신보험이란?

사망 시 사망보험금을
지급하는 보험입니다.
만기가 없어 가입 후
언제 죽든 보험금이 지급됩니다.
가입 후 2년만 지나면 자살이라 해도
보험금이 지급됩니다.

"잉? 내가 죽고 나서 나오는 돈이 무슨 소용이에요!"

이렇게 생각할 수도 있겠지만,
결혼하고 자녀가 생기면
혹시 모를 만약의 사태를 대비해서,
가족을 위해 필요하다 생각하는 사람들도 많습니다.

게다가 종신보험은
설계사들이 가장 좋아하는 보험입니다.

수당도 모든 보험 통틀어
가장 높기 때문에
설계사 월급도 쑥쑥 오르겠죠?

하지만
종신보험은 필요 없습니다!

사망보험금이 필요하다면
종신보험 대신 정기보험을 가입하면 되니까요!

종신보험과 정기보험의 차이점은?

종신보험 **평생보장**
정기보험 **기간한정보장**(60세, 70세, 80세 등)

30세 남성 1억 원 보장, 20년 납 기준 보험료를 비교해 보면
- 종신보험 15만 원
- 정기보험 5만 원(70세까지 보장인 경우)

종신보험은 평생 보장인 대신
정기보험에 비해 보험료가 **2~4배** 비쌉니다.

여러분이라면 어떤 보험을 선택하겠습니까?

종신보험이나 정기보험은
내가 일찍 죽었을 경우
남겨진 가족들을 위한 보험이죠?

이제 생각해 봅시다.

종신보험은 왜 별로인가!?

1 자녀의 나이
2 물가 상승에 따른 화폐가치의 하락

이 정도 이유만으로는 설명이 부족하겠죠?

자녀의 나이	30살에 첫째 출산! 내가 70세가 되면 첫째는 '40살'이죠? 내가 죽더라도 '40살 아기'가 걱정되진 않을 겁니다. 그렇다면 정기보험으로 70세까지 싸게 보장 받으면 되겠죠?
물가 상승에 따른 화폐가치의 하락	30살에 첫째를 낳고 종신보험을 가입했습니다. 내가 80세에 죽으면 무려 50년의 세월이 흘렀습니다. 1억 원을 받기로 했는데, 50년 뒤 1억 원의 가치는?

이러한 이유로 종신보험보다는
**정기보험이 젊은 세대들에게
좀 더 메리트 있다고 생각**합니다.

게다가 종신보험은 정기보험보다 훨씬 비싸니까요!

종신보험과 정기보험,
가족을 위한 보험이라는 그 마음만큼은 소중합니다.

정환용의
꿀Tip

고액의 사망보험금을 넣은 종신보험은
CEO나 부자들이 상속세 목적으로 주로
가입합니다.

(혹시 고액의 사망보험금을 넣은 건 아니죠…?)

정환용의
꿀Tip

종신보험을 사망보험금 목적이 아닌
저축 목적으로 가입하신 분들은 더더욱
잘못 가입하셨습니다.

9부 "종신보험, 연금이 절대 아니다"를 참고하세요!

63

실손의료비보험에
대한 오해

보험의 기본 of 기본!

실손의료비보험!

실손의료비보험(이하 실비보험)에 대한
오해를 풀어 보자!

실손의료비 보험이란?

입원 또는 통원 치료 시
병 · 의원 및 약국에서
실제 지출한 의료비를
최대 **80~90%**까지
보상하는 보험**입니다.**

오해 ①

20대는 월 1만 원 정도로 가입이 가능하다!
비싼 실비보험은 오해!

'엥? 내 실비보험은 7만 원, 10만 원인데!'
이런 분들 계시죠?

여러분이 가입하신 상품은 '종합보험'입니다.
실비보험도 넣고 암, 질병, 상해 등
이것저것 추가된 상품입니다.

실비보험이라 알았는데 비싸면
'종합보험'이라는 거 명심하세요!

종합보험은 실비보험만으로 부족한
큰 질병과 위험에 대비해 특약을 추가한 형태입니다.

오해 ②	실비보험은 중복가입하면 안 되니까 조심해라!?

누가 이상한 헛소문을 퍼트렸는지!
실비보험은 중복가입하고 싶어도 힘듭니다!

실비보험은 비례보상(중복가입을 해도 실질적으로 수령받는 돈은 똑같음)이라
중복가입을 막는 보험사가 많습니다.

실비보험이 있는 사람에게
실비보험을 가입시키려면,

1 기존 실비보험을 해지해야 가입 가능!
2 청약서(계약서)에 서명하고 기존 실비보험의
해지확인서를 내야 가입 가능!
즉, 중복 가입 자체를 막습니다.

단, 예외적으로 실비보험의 중복 가입이 가능한 경우가 있습니다.

1 단체실비보험인 경우

2 과거 실비보험으로 한도가 작은 경우

중복가입을 하더라도 중복가입확인서에 서명을 해야 하기 때문에 중복가입이란 것을 알 수 있습니다.

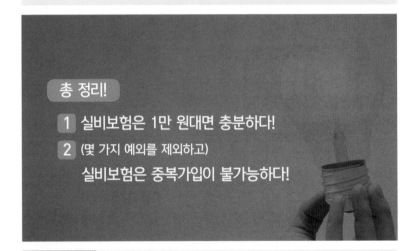

총 정리!

1 실비보험은 1만 원대면 충분하다!

2 (몇 가지 예외를 제외하고)
실비보험은 중복가입이 불가능하다!

**정환용의
꿀Tip**

가급적 옛날 실비보험은 해지하지 마세요!
특히 과거(2009년 10월까지) **100%** 보상이
가능한 실비보험은 유지하는 게 좋습니다.

64

보험 가입 때는
고지사항을 확인하자

보험, 건강할 때 미리미리 가입해야지
아프고 나서 가입하려면 가입이 힘듭니다.

이유는?

고. 지. 사. 항

고지사항이란?

보험 가입 전
자신의 병원 이력, 병력 등을
보험사에 미리 말하는 것입니다.

보험사는 이 고지사항을 보고
보험 가입을 받을지 거절할지를 결정합니다.

"우연히 넘어져서 배가 부러졌어요!"

"병원비가 많이 나와요!"

어느 정도 병원비 받을 수 있겠다 싶어
보험에 가입하려 하면?
보험사는 바보가 아니기 때문에 절.대.로 안 받아 줍니다.

고지사항은 보통 보험 가입하려는 날부터

1 3개월 이내 병원 이력(작은 감기라도!)
2 5년 이내 질병진단/입원/수술/7회 이상 통원/
30일 이상의 투약 사항

이에 해당되는 내용의 날짜, 치료 내용, 완치 여부를 알려야 합니다.

특히 현재 질병/상해가 있는 경우
대부분 가입이 거절되며,
한 달 이내 근접 치료력이 있어도
가입을 잘 받지 않으려 합니다.

이러한 사람들을 받아주면 보험사의 손해가 높아지고,
보험사는 그 손해를 충당하기 위해 보험료를 인상하겠죠?

그렇기 때문에
보험은 건강할 때 미리미리 가입하는 게 최선입니다!

나중에 뒤늦게 다치거나 아픈 후 후회하지 마세요~♥

정환용의 꿀팁

고지사항을 위반하면?

설계사들이 고지사항을 안 물어봐서 고지를 해야 하는지 몰랐다거나, 고지사항을 말했는데도 가입이 거절될까 봐 설계사가 고지를 안한 경우(고지방해), 혹은 보험 가입이 거절될 거 같으니 가입자가 고지를 안 하는 경우가 있습니다.

고지사항 위반이 걸렸을 때 보험이 강제로 해지되거나(3년 이내 계약인 경우), 고지사항 의무 위반 관련 질병을 보상받지 못하는 경우가 많습니다. 그리고 분쟁의 소지도 많으니 보험사와 다툴 가능성이 많겠죠? 심하면 보험 사기로 보험사가 소송까지 걸 수도 있습니다.

설계사에게 고지했는데 설계사가 고지방해를 했을 경우 증거를 남겨야 나중에 피해를 보는 일이 적어집니다. 또한 고지사항의무 위반 관련 질병으로 보상을 받았다가 나중에 보험사가 알았을 경우 그동안 받았던 보험금을 다시 반납해야 하는 경우도 생깁니다.

심하면 보험 사기로 소송까지 당하는 고지위반! 제대로 고지하고 걱정 없이 보험 가입합시다!

직장에 찾아온
비과세 · 복리상품

신입사원 교육때, 혹은 직장 교육때

○○금융그룹에서 나왔다며 찾아와서는

비과세! 복리! 연 3% 이율!

이제 곧 없어진다며 설명하길래

혹해서 가입하지 않으셨나요?

우수기업 및 공공기관
`` CEO , 임직원 `` 저축 플랜 제안서

복리

과세 연금

체크 3 요소-

복리 **3.00%** + 2% 추가 적립

공시이율('15년 12월 기준) / 최저이율 2.5% 이상

이런 전단지 보면서 가입시켰죠!?

2.0% *여러분들은 다 낚이셨습니다!*

복리   기본 추가적립   · 단체 추가할인   · 고액 추가적립
· 5년이상 유지시 2.0% 추가적립   · 20만원 4,000원, 30만원 6,000원

여러분들의 회사만 특별히! 이번 달만!

혜택을 준다면서 가입을 부추겼죠.

비과세의 힘!
복리로 저축하라! 높은 고금리!

이러면서 가입시켰겠죠?

여러분이 가입한 건
단순한 저축보험이거나 연금,
혹은 종신보험(제일 안 좋음)일 뿐입니다.

그냥 어디를 가나 흔하게 가입 가능한 상품이죠!
특별한 상품이 절대! 아닙니다.

오히려 20~30대는
절대 가입하면 안 되는 상품입니다!

왜 금지 상품일까요?

첫번째 이유!

3% 확정처럼 얘기하지만

변동금리!

장기적으로 금리는
떨어지므로 생각했던 금액보다
훨씬 적은 금액을 받는다 ㅠㅠ

2014년도 평균 공시이율: 3.8%
2017년도 평균 공시이율: 2.7%

두번째 이유!

물가는 오른다!

당신의 돈이 이자를 받아
늘어나는 속도보다
더 빨리 물가가 오른다.

금리형 상품으로는
물가를 따라잡을 수 없다.

세번째 이유!

사업비(수수료)

보험은 사업비 때문에
처음에 마이너스로
시작하며, 원금회복까지
대략 **7**년 이상 걸린다(연금 기준).

제발 그럴 듯한 설명에 혹해서
이상한 상품 가입하지 마세요!

이미 가입했다면?
그 사람들이 나눠준 전단지, 불법 전단지입니다.
그걸 증거로 민원해지 신청이 가능합니다.

66

태아보험
잘 가입하는 방법

가장 가입률이 높은 보험은?

'태아보험'

내 보험이 부실해도 아기 보험만큼은
잘 가입했으면 하는 게 부모 마음입니다.
그래서 아무리 힘들어도 태아보험은 대부분 가입합니다.

맘카페 보면 엄마들이
태아보험으로 고민들 많이 하죠?

정환용이 간단하게 태아보험의
'맥'을 짚어 드리겠습니다!

가능하면 일찍 가입하자!

정기검진을 통해 산모나 태아에게 이상소견이 발견되는 경우 가입이 어려울 수 있기 때문! (기형아 검사 이전에 가입하는 게 좋음)

만약 유산되더라도 태아보험에 냈던 돈은 돌려받을 수 있으니 걱정 말고 일찍 가입합시다!

늦어도 23주 전에 꼭 가입하자!

22주 6일까지는 가입이 가능한 특약이 23주가 되면 불가능**합니다.**

그러면 22주 6일까지 가입 가능한 특약은? 선천이상 수술, 저체중아 육아 비용, 미숙아 인큐베이터 이용료, 신생아질환, 출산전후기 질환 등!

23주가 지났더라도 가입하자!

출생 후 아기에게 이상이 있어 보험 가입이 어려울까 봐 미리 가입하는 것도 이유입니다.

(쓰다 보니 계속 가입하라고 하네요. ㅋㅋㅋ)

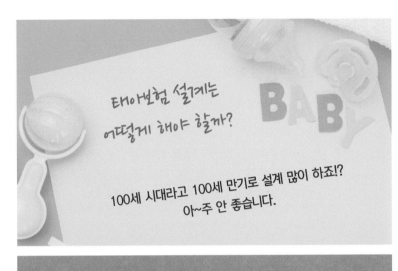

태아보험 설계는
어떻게 해야 할까?

100세 시대라고 100세 만기로 설계 많이 하죠!?
아~주 안 좋습니다.

태아보험으로 100년이나 보장받을 필요가 있을까요?

3,000만 원을 보장받기로 했는데,
60년 지나면 3,000만 원의 가치는 어떨까요?

'100세 시대'라고 굳이 비싼 돈 내면서
100세 만기를 할 필요가 없습니다.

태아보험 설계는 어떻게 해야 할까?

제가 생각하는 가장 좋은 설계는
기본 계약만 100세 만기!
나머지는 30세 만기 설계입니다.
(이렇게 조정이 불가능한 태아보험도 있음)

진단비, 수술비, 입원비 기타 등등은
30세 만기로 설계**합니다.**

100세 만기로 하더라도 나중에 화폐가치 때문에
아기가 성인이 된 후 언젠간 보험을 다시 가입할 것이므로
30세 만기로 보험료를 저렴하게 낮춥니다.

기본 계약을 100세 만기로 하면
실비는 갱신형이므로 100세까지 유지가 가능합니다.

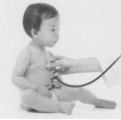

혹여나 아기가 크게 다쳐 더 이상 보험 가입이
어려울 경우 30세 만기 특약이 사라져도
실비로 기본적인 보험금은 탈 수 있습니다.

100세 만기 태아보험의 월 보험료는 10만 원을 넘지만
정환용의 설계를 따르면
보통 월 보험료 **6**만 원 정도 **듭니다.**

태아보험 가입 때 받는 선물?

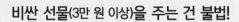

비싼 선물(3만 원 이상)을 주는 건 불법!

비싼 선물에는 대가가 있기 마련이죠?
보험료를 비싸게 설정하거나, 관리가 부실할 수 있습니다.

태아보험,

좋은 보험 설계와 아기가 아플 때
많은 도움을 줄 수 있는
설계사에게 가입하길 바랍니다!

정환용의
꿀Tip

태아보험은 시간이 지날수록 아기의 위험률이 낮아져 보험료가 낮아집니다!

처음에 6만 원으로 가입했어도
출생 후 시간이 지날수록 가격이
저렴해집니다!
(보장은 같음)

난 생 처 음   재 테 크

9부

50년 뒤,
내 노후 준비는?

가장 좋은 연금,
국민연금

국민연금!

강제로 뜯어 가는 느낌인데,
운영이 제대로 안 된다면서 말도 많고 탈도 많죠?

2013년 3차 국민연금 재정
추계 결과(단위:조 원)
자료:국민연금재정추계위원회

기금 정점   2,561   2,559   연간수지
                            적자 전환

1,732

847

418   기금 소진   -281

2013 2020 2030 2043 2044   2060년

2060년 즈음해서 국민연금이 고갈된다니!
내 돈! 내 노후는!?

당연히 걱정됩니다.
이런 사태가 일어나서는 안 되고,
국민연금이 우리 돈을 제대로 사용하도록
국민이 잘 감시해야겠죠?

그러면 국민연금에 대해 알아보도록 하겠습니다!

가장 좋은 연금, **국민연금**

모든 사람에게 가장 좋은 연금은 국민연금입니다.
왜 그럴까요?

개인연금과 달리 매년 물가상승률 반영!

연금액이 상승해 화폐가치의
하락을 커버해 줍니다.
(현재 국민연금 명목 소득대체율은 46% 수준)

※ 소득대체율이란?
연금 가입 기간의 평균소득을
현재 가치로 환산한 금액 대비
연금 지급액의 비율!
(안락한 노후를 위한 소득대체율은 65~70%)

정환용의
꿀Tip

물가상승률을 반영하는 연금은?
국민연금, 공무원연금, 군인연금, 사학연금

일반 직장인에게 물가를 반영해 주는
연금은 국민연금뿐!

전업주부의 노후가 걱정된다면? 임의가입!

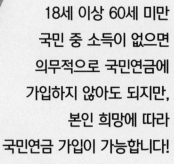

18세 이상 60세 미만 국민 중 소득이 없으면 의무적으로 국민연금에 가입하지 않아도 되지만, 본인 희망에 따라 국민연금 가입이 가능합니다!

부모님 노후가 걱정된다면? 임의계속가입!

노령연금의 수급 조건은 10년(120개월) 가입입니다. 이 기간을 채우지 못하고 60세가 되어도 임의계속가입으로 나머지 기간을 채워 연금을 탈 수 있습니다!

연금을 더 많이 수령하고 싶다면 임의계속가입을 통해 더 보험료를 납부하면 연금액이 커집니다!

국민연금,
우리가 받을 수 있는 가장 좋은 연금입니다.

어떤 연금인지
제대로 알고, 제대로 활용하고, 제대로 감시합시다!

68

퇴직연금,
어떤 걸 선택해야
할까?

퇴직연금!

아직 100인 이하 사업장은 시행하지 않지만,
2022년에는 모든 사업장이 의무가입이므로
남 일이 아닙니다.

퇴직연금, 제대로 알아볼까요?

퇴직연금 이란?

기업이 퇴직금 대신 근로자의
매년 약 한 달 치 월급을 금융사에 맡기고
기업(DB형) 혹은 근로자(DC형)의
지시에 따라 운영해
근로자 퇴직 시 일시금 또는
연금으로 지급하는 제도

DB(확정급여)형와 DC(확정기여)형, 무엇이 유리할까?

DB형 임금인상이 많이 될 거라 예측될 때

DC형 임금인상률보다 수익을 더 많이 낼 수 있거나,
임금인상이 거의 없을 거라 판단될 때

DC형은 운용 지시가 필수입니다!

DB형은 회사가 금융사에 운용지시를 하지만,
DC형은 본인이 금융사에 운용지시를 해야 합니다.

일종의 투자이기 때문에
운용지시를 얼마나 잘하느냐에 따라 수익이 달라집니다.

IRP 개인형 퇴직연금을 가입하자!

퇴직금을 받으면 자동으로 IRP 계좌로 이동됩니다.
이때 돈을 더 굴려서 연금으로 수령할지,
일시금으로 받을지 결정이 가능!
퇴직연금 제도 미가입자도 IRP 계좌에 퇴직금을 넣을 수 있습니다.
(일시금 또는 연금으로 찾을 때까지 퇴직소득세 이연이 가능!)

IRP 계좌로 세액공제가 가능하다!?

IRP 계좌에 추가납입을 하면 최대 700만 원까지 세액공제 혜택!

급여 **5,500만 원 이하**: **16.5%** 세액공제
급여 **5,500만 원 이상**: **13.2%** 세액공제

단, 회사가 불입하는 퇴직연금은 세액공제 혜택 ×
본인 납입 금액만 세액공제 ○

퇴직연금은 언제 수령 가능할까?

가입 기간 10년 이상! 나이 55세 이상!

(둘 다 충족해야 함)

본인 결정에 따라 연금이나

일시금 형태로 지급받을 수 있습니다.

퇴직연금의 중도 인출도 가능할까?

DC형 퇴직연금은 이때만 가능!

1 무주택자의 주택 구입
2 무주택자의 전세금 또는 보증금
3 본인, 배우자, 부양가족의 6개월 이상 요양
4 파산선고
5 개인회생절차개시
6 천재지변

※ DB형 퇴직연금은 중도인출 불가능

퇴직연금,

자신에게 맞는 형태를 잘 고르는 것이 뽀인트!

노후 대비를 위해 일시금으로 받는 것은 자제하기!

잊지 마세요!

개인연금,
지금 가입할 필요는
없다

제목부터 충격 그 자체!

재무설계사나 자산관리사들은
다 노후 준비해야 한다고 연금 준비하라 하는데…?

심지어 비전문가인 사람들도 다 준비해야 한다 하는데!

왜 정환용은 연금을 하지
말라고 할까요?!

연금은 보통 10년 넘게 납입하는
기본 1,000만 원 이상의 금융상품입니다.

남들 한다고 무작정 따라하지 말고
연금에 대해 제대로 분석하고 가입할지 판단해야 하겠죠?

연금에 대한 합리적 의문점 ①

'과연 연금이 높은 수익률을 낼 수 있을까?'
의문이 생깁니다.

금리형(이자를 주는) 연금은 40년을 묵혀도

원금의 **2배**를 넘기 힘듭니다.

그 사이 물가는 얼마나 오를까요?

변액(펀드로 투자되는)연금은 투자수익률에 따라 다르지만
관리를 잘해도 40년 동안 원금의 3배를 넘기 힘듭니다.
(채권형 펀드의 비중이 높기 때문에)

또한 변액연금은 펀드를 매번 바꾸는 관리가 필요한데,
과연 관리를 잘하는 사람이 몇이나 될까요?

연금에 대한 합리적 의문점 ②

20대가 연금을 가입하면
연금을 타는 시기가 보통 40~50년 뒤인데,
50년 뒤 화폐가치는 어떻게 될까요?

물가가 올라서 화폐가치가 떨어진다는 건
누구나 생각할 수 있습니다.

하지만 여기서 한 발 더 나아가
화폐단위 자체가 변한다면 어떻게 될까요?

과거 우리나라는 '환'이 화폐단위였습니다.
지금은?
'원'으로 바뀌었죠!

1961년, 한 아버지가 어린 딸이 나중에
연금을 탈 수 있도록
보험사에 17,600환을 무려 50년 동안 맡겼습니다.

50년이 지난 2012년,
딸은 과연 한 달에 얼마를 받을까요?

정답은? 한 달에 **4,000원**.

아메리카노 한 잔도 못 마시는 금액을
보험사가 연금으로 주겠다 해서
현재 소송 진행 중이라고 합니다.

화폐단위가 바뀌고
당시 자료도 없기 때문에 저렇게 준다는 게
보험사 입장!

연금에 대한 합리적 의문점 ③

보험사는 물가상승률을
반영 안 한다는 겁니다.

〈시사매거진 2580〉의 "연금의 배신" 편에서는
물가 상승으로 인한 화폐가치 하락은 생명보험사에서
어쩔 수 없는 일이라는 인터뷰 내용이 나왔습니다.

즉, **50**년 뒤 연금 월 **50**만 원을 받기로 했는데
50만 원이 식사 한 끼에 해당하는 금액이라도
보험사는 책임 못 진다는 얘기죠!

과연 여러분이 철썩 같이 믿는 연금이
40년, 50년 뒤에도 믿음직스러운 금액으로 답할까요?

저의 개인적인 의견이므로 판단은 여러분의 몫입니다.

정환용의
꿀Tip

내가 가입한 연금을 확인하고 싶다면?
1 통합연금포털 '내 연금조회' 신청
(100lifeplan.fss.or.kr)
2 생명보험협회 · 손해보험협회
보험가입내역 조회

이 2가지 방법으로
자신이 가입한 퇴직연금과 개인연금 정보를
확인할 수 있습니다!

종신보험,
절대 연금이 아니다

주변에
종신보험을 연금으로 착각하고
가입한 사람들이 많습니다.

'나는 연금을 가입하고 싶었는데...'

그런데 왜 종신보험을 가입했을까요!?

같은 금액에 가입하면
연금보다 종신보험이 설계사에게 떨어지는
수수료가 2~3배 높습니다,

당신이 설계사라면 무엇을 팔고 싶나요?

종신보험은 '사망보장'을 해 주는 보험이지만
설계사는 이렇게 말했겠죠?

"사망보장도 되고, 저축도 되고, 연금도 되고,
중도인출도 되고, 추가납입도 되고, 금리도 높고!
게다가 비과세통장 기능! 만능상품이니 꼭 가입하세요!"

물론 다 맞는 말이지만,
종신보험의 주 기능은 '사망보장'입니다.
아무리 부가적인 기능이 좋고(사실 대부분의 상품에는 다 기본)
금리가 높다 해도 수수료 때문에 쌓이는 금액이 적어져서
절대 '연금'이라고 볼 수 없습니다.

일반적인 연금 보험료에서 약 10%를 수수료로
가져갑니다.

종신보험 보험료에서 약 30~40%를 수수료로
가져갑니다.

아무리 금리가 높아도 쌓이는 돈이 적으니
돈이 제대로 안 쌓이겠죠?

뭐, 적게라도 쌓이긴 쌓이니까 저축은 맞죠?
그 돈을 연금으로 바꿀 수 있긴 하니 연금도 되고요.

그렇다고 종신보험이 연금일까요?

종신보험!

내가 낸 돈만큼 다시 쌓이는 데 약 15년이 걸립니다.
2배가 되려면 약 40년이 걸리고요.

이걸 연금이라 말할 수 있을까요?

여러분의 소중한 노후 자금,
혹시 종신보험에 쏟아붓고 있진 않나요?

종신보험 해지환급금표

(30세 남성, 10년 납 20.5만 원 기준, 단위: 만 원)

경과 기간	도달 나이	납입보험료 누계액	일반 사망/ 재해 사망 시	해지환급금	환급률(%)
3개월	30	61	3,300	0	0.0
6개월	30	123	3,300	0	0.0
9개월	30	185	3,300	18	10.2
1년	30세 말	246	3,300	72	29.4
2년	31세 말	493	3,300	289	58.8
3년	32세 말	740	3,300	513	69.4
4년	33세 말	986	3,300	742	75.2
5년	34세 말	1,233	3,300	977	79.3
6년	35세 말	1,480	3,300	1,224	82.7
7년	36세 말	1,726	3,300	1,477	85.6
8년	37세 말	1,973	3,300	1,718	87.0
9년	38세 말	2,220	3,300	1,965	88.5
10년	39세 말	2,467	3,300	2,219	90.0
11년	40세 말	2,467	3,300	2,280	92.5
12년	41세 말	2,467	3,300	2,344	95.0
13년	42세 말	2,467	3,300	2,408	97.6
14년	43세 말	2,467	3,300	2,475	100.3
15년	44세 말	2,467	3,300	2,544	103.1
16년	45세 말	2,467	3,366	2,614	106.0
17년	46세 말	2,467	3,432	2,687	108.9
18년	47세 말	2,467	3,498	2,761	111.9
19년	48세 말	2,467	3,564	2,837	115.0
20년	49세 말	2,467	3,630	2,915	118.2
25년	54세 말	2,467	3,960	3,340	135.4
30년	59세 말	2,467	4,620	3,820	154.8
35년	64세 말	2,467	5,280	4,353	176.5
40년	69세 말	2,467	6,270	4,923	199.6

내가 냈던 돈만큼 쌓이는 데 **14년**,

내가 낸 돈의 2배가 되려면 40년이 걸립니다.
과연 종신보험을 저축으로 가입하는 것이 옳을까요?

연금보험 해지환급금표

(30세 남성, 10년 납 20만 원 기준, 단위: 만 원)

경과 기간	나이	납입보험료 누계액(A)	현재 공시이율 연복리 3.15% 가정 시		평균공시이율 연복리 3.0% 가정 시		최저보증이율 가정 시	
			해지 환급금(B)	환급률 (B/A, %)	해지 환급금(B)	환급률 (B/A, %)	해지 환급금(B)	환급률 (B/A, %)
3개월	30	60	0	0	0	0	0	0
6개월	30	120	36	30	36	30	36	30
9개월	30	180	91	50	90	50	90	50
1년	31	240	145	60	145	60	143	59
2년	32	480	368	76	367	76	361	75
3년	33	720	597	82	595	82	581	80
4년	34	960	833	86	830	86	805	83
5년	35	1,200	1,076	89	1,072	89	1,031	85
6년	36	1,440	1,327	92	1,321	91	1,262	87
7년	37	1,680	1,585	94	1,557	93	1,495	89
8년	38	1,920	1,849	96	1,837	95	1,729	90
9년	39	2,160	2,120	98	2,106	97	1,967	91
10년	40	2,400	2,413	100	2,394	99	2,219	92
11년	41	2,400	2,497	104	2,475	103	2,248	93
12년	42	2,400	2,585	107	2,557	106	2,278	94
13년	43	2,400	2,675	111	2,643	110	2,308	96
14년	44	2,400	2,769	115	2,732	113	2,339	97
15년	45	2,400	2,897	119	2,824	117	2,370	98
16년	46	2,400	2,968	123	2,919	121	2,402	100
17년	47	2,400	3,073	128	3,018	125	2,434	101
18년	48	2,400	3,181	132	3,120	130	2,467	102
19년	49	2,400	3,294	137	3,225	134	2,500	104
20년	50	2,400	3,410	142	3,335	138	2,533	105
25년	55	2,400	4,060	169	3,941	164	2,708	112
30년	60	2,400	4,839	201	4,662	194	2,897	120
35년	65	2,400	5,770	240	5,517	229	3,099	129
40년	70	2,400	6,884	286	6,535	272	3,318	138

현재 공시이율로 40년을 유지해도 원금의 3배가 안 됩니다.

금리가 떨어질 경우를 생각하면 대략 40년에 원금의 2배 정도 되겠네요.

화폐가치의 하락을 생각한다면… 답이 없겠죠?

※ 9부 "개인연금 지금 가입할 필요는 없다" 참고!

71

추가납입,
모르면 호갱님

직장인이 되면 권유받는 **연금!**
은행 가면 장기적금이라며 권유받는 **저축보험!**

이들의 수수료를 아시나요?

상품마다 다르지만
장기저축보험의 평균 수수료는 **10%**
(최소 6%~최대 17%)

보험료를 납입할 때마다!
보험사는 평균 **10%**씩을 가져갑니다.

수수료로 인해 내가 낸 돈만큼 쌓이려면 몇 년이 걸리고!
그전에 해지하면 손해를 봅니다.

하나쯤은 필요한 장기저축성 보험상품인데
평균 수수료가 10%라니!?

너무 비싼 수수료를 확 줄이는 방법은?

추가납입!

은행이나 보험설계사에게
추가납입에 대한 설명을 못 들었다면?
당신은 호.갱.님.!

추가납입 이란?

내가 내는 보험료의 최대 **2배**까지를
자유롭게 더 낼 수 있는 제도입니다.

추가납입의 장점

가입자가 자유롭게 보험료를 내기 때문에
수수료가 굉장히 낮습니다.

평균 수수료 2%!

(장기저축보험 평균 수수료 10%에 비해 훨씬 저렴!)

추가납입 활용법

장기저축보험으로 월 **60**만 원 가입하면?
수수료 10%이니 **총 60,000원이 수수료**입니다.

장기저축보험으로 월 **20**만 원 가입하고
월 **40**만 원 추가납입을 하면?
20만 원의 10%+40만 원의 2%=**총 수수료 28,000원**

우리가 추가납입을 몰랐던 이유는?

추가납입은 고객 스스로 **자유롭게 내는 돈**이므로
은행 직원이나 설계사의 실적이 아니기 때문에
알려 주는 경우가 별로 없기 때문입니다.

모든 장기저축보험에는
추가납입 기능이 있으니
꼭! 확인하고 호갱에서 탈출합시다!

※ 추가납입은 해도 되고 안 해도 상관없습니다!

비과세통장,
정말 통장 맞습니까?

보험상품 판매할 때 가장 강조되는 **비과세통장!**
하나쯤은 있어야 한다는 비과세통장!

과연 진짜일까요?

보험상품을 **10년** 유지하면
이자소득세 **15.4%**를 안 뗍니다.
즉, 비과세는 맞습니다.

그런데 통장은 수시입출금이 되어야 하겠죠?

보험은 납입 기간이 끝나면 입금이 불가능합니다.
출금은 납입 기간 내에도, 끝난 후에도 모두 가능합니다.

출금은 되는데 입금이 안 되는 통장 있나요?

즉, 통장은 아닙니다.

납입 기간 동안 많은 돈을 넣으면 된다고요?

보통 납입 기간이 10년인데,
그 10년 동안 노후 대비를 위해
많은 돈을 넣을 수 있을까요?

지금 20~30대라면 결혼자금, 주택자금 등에
목돈이 나가야 하니
노후 대비를 위해 많은 돈을 넣지 못합니다.

비과세는 맞지만,
납입 기간 동안 많은 돈을 넣기도 힘들고
납입기간이 끝나면 더 이상 입금도 안 돼서
통장의 기능도 힘든 상품.

과연 비과세 통장이라고 부를 수 있을까요?

진짜 비과세통장이란?

평생 가지고 있을 수 있어야 하며
평생 입출금이 자유로워야 합니다.

이래야 진짜 비과세통장이겠죠?

비과세통장인줄 알고 가입한 내 상품,
진짜 비과세통장이 맞을까요?

남의 말에 혹~ 하지 말고
제대로 따져보고 현명하게 가입합시다!

난 생 처 음 재 테 크

10부

연말정산,
허겁지겁 알아보는
당신을 위해

73

20대는
연말정산
고민할 필요 없다

늘 연말정산할 때가 되면
뉴스에서, 직장 선배들이, 지인들이
이렇게 하는 게 좋다 저렇게 하는 게 좋다 합니다.

참 헷갈리죠?

주변 설계사들은
"연금저축보험 가입하세요" 하고요.
(연금저축보험은 가입 No!)

뉴스에서는 돈을 뜯길 수도 있다고 겁을 주면서
"이거 해라 저거 해라" 합니다.

하지만 여러분이 20대라면
연말정산, 그다지 신경 안 써도 됩니다.

✅ 체크해 볼까요?

연말정산 체크리스트

1. 부양가족이 있나요?
   (소득 거의 없는 만 60세 이상 부모님과 만 20세 이하 동생)

2. 교육비, 기부금, 의료비에 지출 많이 했나요?
   (안경, 렌즈, 목발 등 포함)

3. 무주택세대주이면서 주택청약에 돈 내고 있나요?

4. 소득공제장기펀드에 돈 내고 있나요?

5. 올해 우리사주조합 했나요?

6. 연금저축 돈 내고 계신가요?

7. 보장성보험 본인이 계약자로 돈 내고 계신가요?

8. 연봉의 25% 이상 먹고! 마시고! 놀고! 쇼핑에 쓰셨나요?

9. 전세자금대출/주택담보대출 받으셨나요?

10. 월세 사시나요?

해당되는 거 체크하셨죠?
연말정산 때 주로 환급받을 수 있는 목록입니다.

내가 직접 챙겨야 하는 것만 알아볼까요?

1. 번이 해당된다면
   부양가족 등록하세요!

2. 번이 해당된다면
   기부금: 해당 후원단체에 확인!
   교육비: 조건 확인(대부분 해당 ×)
   의료비: 총 급여의 3% 이상만 적용 가능

내가 직접 챙겨야 하는 것만 알아볼까요?

3 번이 해당된다면
은행에서 무주택서약서 작성하세요!

4 ~ **9** 번은 저절로 적용!

10 번이 해당된다면
월세 세액공제 조건과 필요 서류를
확인하세요.

정환용이 만든 **연말정산 체크리스트**로
무엇을 챙겨야 하나 확인해 보니
연말정산 별 거 없죠!?
(받을 것도 별로 없음 ㅠㅠ)

사실상 20대는 연말정산으로 챙길 것이 많지 않습니다.
어쩔 수 없이 연말정산으로 토해 내더라도
챙길 것이 있다면 확실하게 챙깁시다!

! 정환용의
꿀Tip
연봉 2,000만원 이하면 기본공제만으로도
거의 세금을 안 내니 연말정산을 너무 걱정할
필요가 없습니다.

74

세액공제 절대강자,
연금저축

직장에 들어가면
선배가 권하는 금융상품 1위

'연금저축'

연말만 되면 연말정산으로 겁을 주면서
주변 설계사들이 권유하기도 하고
은행에서도 자주 권하는 금융상품!

소득공제 된다고 선배들은 다 하는 거 같은데,
나도 해야 할까요?

연금저축에 대해 ARABOZA!

연금저축의 장점

세액공제(소득공제 아님!) 상품으로

내가 낸 금액의 **13.2%**를 연말정산 때 환급해 준다!

1년간 총 400만 원을 냈다면?
400만 원×13.2%=52만 8,000원을 환급!

정환용의 꿀Tip

총 급여 5,500만 원 이하: 16.5% 세액공제

총 급여 5,500만 원 이상: 13.2% 세액공제

즉, 우리 사회초년생들은

대부분 16.5%를 세액공제 받을 수 있습니다.

연금저축의 단점

1 중도 인출이나 중도 해지 시 기타소득세 부과!

세액공제 받은 금액과 운용수익에 대해 16.5% 세금 부과!
(세액공제 받아 놓고 어딜 도망가!? 세금 내라!)

※ 세액공제 받지 않은 금액은 세금 안 내도 됩니다!

연금저축의 단점

2 연금 수령 시 연금소득세 부과!

연금을 수령할 때
수령 기간에 따라 3.3~5.5%까지 세금 부과!
※ 지금은 세금을 환급해 주지만 나중에 세금을 떼는
　과세이연제도

연금저축의 단점

3 사적연금(퇴직연금+연금저축) 수령 금액이 연간
1,200만 원 이상 시 종합소득세 부과!

세금을 훨~씬 많이 낼 가능성이 높겠죠?

모든 금융상품에는 밝은 면과 어두운 면이 있습니다.
연말정산 환급이라는 연금저축의 밝은 면만 보고
무턱대고 가입한 건 아니겠죠!?

정환용의 연금저축 고르는 꿀Tip

1 연금저축펀드(증권, 투자형)
2 연금저축신탁(은행, 투자형)
3 연금저축보험(보험, 금리형)

3가지 모두 연금저축으로 세액공제가 동일합니다!
이 중 추천하는 상품은 '**연금저축펀드**'입니다.

왜 연금저축펀드 인가?

연금저축펀드와 연금저축신탁은
자유납입(내고 싶을 때 내면 됨!)
연금저축보험은 의무 납입이므로
무조건 내야 합니다!

왜 연금저축펀드 인가?

연금저축신탁은 안전한 투자라
수익률이 낮습니다!
연금저축보험은 금리형이므로
40년을 유지해도
원금의 2배가 되기 힘듭니다!

연금저축펀드는 투자형으로
안전한 운용과 수익 추구에
모두 적합합니다!

왜 설계사들은 연금저축보험을 권할까?

연금저축펀드와 연금저축신탁은 설계사가 받는 수수료가 낮습니다.

설계사가 펀드나 신탁의 존재를 모르거나, 수수료 때문에 연금저축보험을 권하는 경우가 많습니다ㅠㅠ

게다가 연금저축보험은 수수료 때문에 원금 회복까지 약 8년이나 걸립니다.

정환용의 꿀Tip

연금저축펀드, 연금저축신탁, 연금저축보험은 자유롭게 옮겨 다닐 수 있습니다.
연금저축보험 가입자라면 연금저축펀드로 옮기는 걸 추천합니다!

연금저축펀드로 옮기는 방법이 궁금하다면?

카카오톡에서 '정센세' 검색 후 문의 주세요!

세액공제 절대강자,
보장성보험

연말정산의 절대강자이지만
대부분이 인식을 못합니다.

은둔형 세액공제의 강자, **보장성보험!**

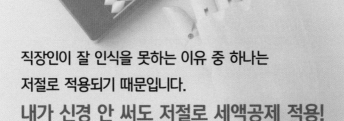

직장인이 잘 인식을 못하는 이유 중 하나는
저절로 적용되기 때문입니다.
내가 신경 안 써도 저절로 세액공제 적용!

100만 원 한도로 **12%**의 세액공제율!

지방소득세까지 합치면
무려 **13.2%** 세액공제가 됩니다.

연간 **100**만 원 이상 보장성보험을 납입했다면
무려 **13**만 **2,000**원의 세금을
환급받을 수 있습니다.

대부분 저절로 적용되지만 조건이 있습니다.

1 근로소득자만 가능(개인사업자, 일용근로자 불가능)
2 계약자, 보험료 납입자가 본인일 것

중요사항!

• 부모님이 계약자면 본인이 보험료를 납입해도
  세액공제 ×!
• 본인이 계약자라도 부모님이 보험료 납입하면
  세액공제 ×!

계약자를 변경하는 방법

계약자와 피보험자가 신분증 들고 보험사 고객센터 방문!

혼자서 가야 한다면?

계약자, 피보험자 신분증, 본인 발급 인감증명서,
피보험자 인감도장, 가족관계확인서 들고 고객센터 내방!

※ 보험사마다 다를 수 있으니 콜센터에 문의하세요!

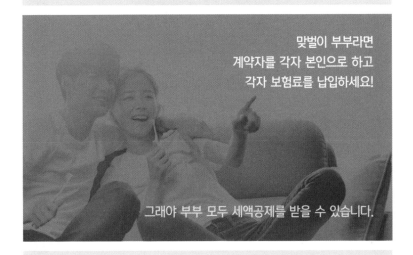

맞벌이 부부라면
계약자를 각자 본인으로 하고
각자 보험료를 납입하세요!

그래야 부부 모두 세액공제를 받을 수 있습니다.

누구나 가입한 보험상품!
남들은 세액공제 받는데 나만 못 받을 순 없겠죠?

만약 이러한 사실을 놓쳐서
세액공제 못 받았다면 올해에는 꼭 챙깁시다!

76

세액공제 절대강자,
월세공제

대한민국 평균 월세

서울 **42**만 원, 수도권 **37**만 원, 지방 **32**만 원

(월세 깡패⋯)

돈 벌려고 취직했는데!
어쩔 수 없이 자취하는데!
매달 월세 **40**만 원에
각종 공과금까지⋯(또르륵).

타지에서 혼자 사는 것도 외롭고,
돈을 버는 건지 쓰는 건지 모를
My 자취 라이프!

피 같은 월세!
조금이라도 돌려받기 위한
월세 돌려받기 꿀팁!

월세 세액공제 스킬!

월세 세액공제, 얼마나 돌려받을까?

월세 40만 원씩 1년간 냈다면?
480만 원×10%(세액공제율)=48만 원

즉, 연말정산 시 **48만 원** 환급!
(최대 75만 원까지 가능!)

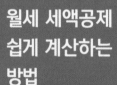

월세 세액공제 쉽게 계산하는 방법

1년간 낸 돈의
1/10을 돌려받는다!
(소득세에서 돌려주는 것이므로
낸 세금이 적으면 그만큼 받을 것도 적다!)

월세 세액공제 받는 조건

1 총 급여 7,000만 원 이하(종합소득세 6,000만 원 이하)

2 무주택세대주

3 전입신고 필수

4 임대차계약서와 주민등록상 주소가 동일할 것

5 월세 본인명의 통장/무통장 납입

6 약 26평 이하(전용면적 85m²) 주택 혹은 주거용 오피스텔

조건이 상당히 많아 보여도
정상적으로 계약하고 돈 내면 대부분 해당됩니다!
어렵지 않아유~

월세 세액공제에 필요한 서류

1 주민등록등본

2 임대차계약서 사본

3 월세 이체 통장 내역서(계좌이체확인서, 무통장입금증 등)

월세를 정상 계약하고 내 통장에서 이체했다면
필요 서류도 간단히 준비 가능!

월세 세액공제 스킬을 쓰면 우리는 세금을 돌려받지만,
집주인은 세금을 더 많이 냅니다.

갓물주 님은 당연히 짜증나겠죠?
(갓물주 님 임대 소득이 연 2,000만 원 이하라면
과세대상 아니니 이 점을 어필!)

갓물주 님의 분노를 피하는 방법

바로 연말정산 안 해도
최대 5년까지
경정청구 신청이 가능!
2017년 월세라면 2023년 5월까지!

집 계약 끝나고 신청하면 되겠죠?
세입자의 권리!

월세 세액공제 조건이 해당 안 된다면?

월세 현금영수증 신청해서
조금이라도 소득공제 받기!
아니면 집주인에게
세액공제 신청 안 할 테니
월세 조금만 내려 달라고
앙탈 부리기!

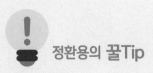

정환용의 꿀Tip

월세세액공제 신청은 관할 세무서 혹은
국세청 홈택스(www.hometax.go.kr)에서 신청하세요!

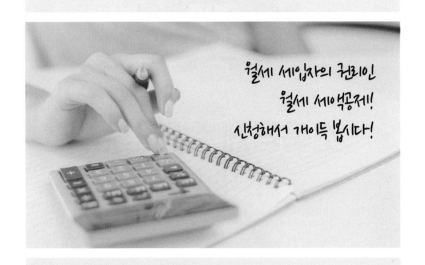

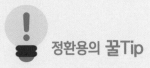

정환용의 꿀Tip

세액공제는 세금을 내는 사람에게만 해당됩니다!
자취하는 학생들은 해당 사항이 없어요ㅠㅠ
하지만! 직장 다닐 때를 대비해서 기억해 두세요~♥

소득공제 절대강자,
주택청약

청약우선권을 위해 주택청약을 가입하기도 하지만

섹 2조 효과로
소득공제 때문에 가입하는 경우도 많죠?

주택청약은 납입 금액의 **40%** 소득공제!
공제 한도는 연간 **240만 원!**

주택청약 소득공제 계산법

연봉 3,000만 원 직장인이 월 10만 원씩 1년을 냈다면?

120만 원 × **40%** × **16.5%** = **79,200원!**

(납입금액)   (소득   (종합소득세율
공제율)   +지방소득세)

연말정산 때 **79,200원** 환급이 가능하겠네요!

주택청약 소득공제 신청 조건과 방법

무주택세대주여야만
소득공제가 가능!
전입신고 필수겠죠?

그 후 주민등록등본을 떼서 은행 Go! Go!
은행에서 무주택서약서 작성 후
등본과 함께 제출하면 끝!

그 외 기타
연말정산 항목

대표적인 연말정산
항목들을 살펴봤으니
부수적인 항목들을
빠르게 살펴봅시다!

대출 관련 항목

전세자금대출 원리금
상환액의 **40%**,
연 **300**만 원 한도로
소득공제 가능!

주택담보대출 상환기간 15년 이상 시
이자 상환액 100% 소득공제!

부양가족 항목

연소득 **333**만 원 이하인 경우
부양가족으로 등록하면
1인당 **150**만 원 소득공제 가능!
(같이 안 살아도 됩니다.)

- 부모님(만 60세 이상)
- 형제자매(만 20세 이하, 만 60세 이상)
- 배우자(나이 조건 없음)
- 자녀(만 20세 이하)

의료비 항목

연소득의 **3%** 이상 초과 지출한
의료비의 **15%** 세액공제 가능!
(부양가족의 의료비를 한 사람에게 몰아 줘도 가능!)

공제가능 의료비는?
진찰 및 치료비, 안경 및 렌즈 구입비
(미용 목적 및 건강기능식품, 컬러렌즈, 서클렌즈 제외!)

교육비 항목

근로자 본인의 교육비는 전액 세액공제 가능!
학자금대출의 원리금 상환액도 세액공제 가능!
부양가족의 교육비는 일부 세액공제 가능!

※ 사설학원비는 해당 안 됩니다!
그러나 방과 후 학교 수업료, 교재비,
교복 구입비, 급식비 등은 가능!

기부금 항목

좋은 뜻으로 기부금 내면
기부금의 **15%** 세액공제가 가능!
정치자금기부금, 법정기부금, 우리사주조합기부금,
지정기부금(종교단체 포함) 가능!

※ 우리사주조합기부금은 조합원이
아닌 근로자의 기부금만 가능!
※ 기부금이 저절로 등록 안 되는 경우는
꼭 영수증 끊어서 첨부하세요!

출산 및 입양 항목

첫째는 **30**만 원, 둘째는 **50**만 원

셋째는 **70**만 원 세액 공제 가능!

정환용의 꿀Tip

중고차 구매 시 소득공제가 가능하다!?

중고차 구매 시 신용카드 등을 사용하면

구입 금액의 **10%**를 **신용카드 소득공제 대상**에

포함할 수 있습니다.

이 밖에도 다자녀 추가 공제 등이 있지만 생략할 테니,
자세한 건 초록창에 검색해 보거나
카카오톡에서 '정센세' 검색 후 문의 주세요:)

이제 연말정산 큰 틀을 알았으니
제~발 똑바로 연말정산 챙기세요!

[연말정산 대결]
신용카드 vs. 체크카드

직장인들에겐 최고의 난제!
연말정산에 유리한 카드는 뭘까요?

신용카드 vs. 체크카드

당신의 선택은 무엇인가요?

연말정산에서 카드/현금 사용액
소득공제의 기준은 총 급여의 **25%**!

즉, 연말정산에 유리한 카드는
소비 패턴에 따라 다릅니다.

총 급여의 **25%** 이상을
생활비로 소비한다면?

체크카드

신용카드

총 급여의 **25%** 이하를
생활비로 소비한다면?

소비 금액이 총 급여의 25% 이상이라면
연말정산 소득공제 범위에 들어갑니다.

신용카드는 **15%**의 소득공제!
체크카드는 **30%**의 소득공제!

즉, 체크카드가 좋겠죠?

소비금액이 총 급여의 25% 이하라면
연말정산 소득공제 범위에 들어가지 않습니다.

이러면 소득공제 효과는 신경 쓸 필요가 없으니
혜택 면에서 더 유리한 신용카드가 올바른 선택입니다.

정환용의 꿀팁

연봉 4,000만 원인 화농 씨, 지난 1년간 1,500만 원을 썼습니다.
과연 연말정산에서 얼마나 효과를 볼까요?

① 4,000만 원×0.25%=1,000만 원

  (총 급여 4,000만 원의 25%는 1,000만 원)

② 1,300만 원−1,000만 원=300만 원

  (1,500만 원을 썼으니, 25%인 1,000만 원을 초과하는 금액은 500만 원)

  ※ 소득공제 최대한도는 300만 원이니 300만 원이 적용 대상입니다.

③ 300만 원×0.30%=90만 원

  (적용 대상 300만 원에 체크카드 소득공제율 30%면 90만 원)

④ 90만 원×0.165%=14.85만 원

  (90만 원에 종합소득세율 16.5%를 적용하면 14.85만 원)

⑤ 연말정산 환급금은 14.85만 원입니다(체크카드 기준).

  ※ 신용카드 기준 환급금은 약 7만 웬(소득공제율 15%)

환급금이 약 15만 원! 생각보다 적다는 것을 알 수 있습니다!

난 생 처 음 재 테 크

11 부

Fact,
누군가에겐
폭력

80

여행중독 그리고
일점호화소비

해외여행! 이 얼마나 설레는 말입니까!

우리나라를 떠나
다른 나라 구경을 할 수 있다니!
넘나 좋은 것!

요즘 SNS를 보면 과거와 달리
젊은 세대가 해외여행을
참 많이 갑니다.

경기침체에 소비절벽이라고 하지만
해외여행객은 점점 늘어나는 추세고,
명품 수요도 많아졌죠!

왜 그럴까요?

이유는 간단합니다.

경기가 어려워질수록
'일점호화소비' 현상이 늘어나기 때문이죠.

'일점호화소비'란?

평상시에는 허리띠를
졸라매며 절약하지만
특정한 무엇은
'사치스럽고 고급스럽게'
소비하는 현상을 말합니다.

'일점호화소비'가 일어나는 구조

'평소 이렇게 아끼며 사는데 한번쯤 크게 선물할 수 있지!'
'남들은 다 가는 해외여행, 나라고 못 가겠어?'
'어차피 쥐꼬리만 한 월급,
모아서 집 사기도 힘드니 막 써야지!'

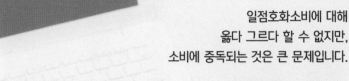

일점호화소비에 대해
옳다 그르다 할 수 없지만,
소비에 중독되는 것은 큰 문제입니다.

대표적인 사례로는

여행중독이 있습니다.

주변에 여행중독이 꽤 보이지 않나요?

한 번 다녀오고 난 후 곧바로 다음 계획을 또 잡죠.
심하면 분기(3개월)마다, 반기(6개월)마다 여행
다니는 여행 중독자들!

여행 관련 직업을 꿈꿔서
여행이 커리어에 도움이 된다면야
여행중독이라고 부를 수 없겠지만,
대부분 직장인의 해외여행은
스트레스 해소용 '일점호화소비'입니다.

물론 여행이 나쁘다는 것은 아닙니다.

여행은 견문도 넓혀 주고,

스트레스 해소에도 도움이 되고,

추억이라는 소중함이 남습니다.

본인 능력이 되어 간다면 몇 번을 가든 상관없지만

본인 능력 밖 무리한 해외여행은

신용카드와의 친밀도를 상승시키기 때문에 지양해야 합니다.

항상 비행기 티켓 값은 할부로 쌓여 있고
해외여행을 가서도 면세점 쇼핑, 현지 쇼핑, 지인 선물 등으로
신용카드 사용액은 점점 늘어나고
저축은 점점 줄어드는 사람이 상당히 많습니다.

SNS만 보면 다들 금수저인지
어떻게 해외여행을 밥 먹듯이
그렇게 다니면서 즐기는지
참 부러운 감정이 들지만
실상은 대부분 카드 값의 노예입니다.

열심히 저축하며 살아가는 여러분!
그 모습을 보며 열등감 느낄 필요 없습니다.

'일점호화소비'

한 번쯤은 할 수 있지만 일점호화소비 중독은
충동구매보다 더 무서운 일이라는 것!
꼭 명심했으면 좋겠습니다.

81

부모님 용돈,
드려야 할까?

효심이 깊어지는 시기가 있습니다.

'직장인이 되고 난 후'
그리고
'결혼하고 난 후'

직장인이 되면
알바할 때와 비교도 할 수 없는
월급을 꼬박꼬박 받습니다.

이제 부모님께 보답하고
싶은 마음에 용돈을
드리는 분들 많을 겁니다.

그리고
결혼하고 나면 갑자기 없던 효심이 생겨나
부모님 용돈 드리는 분들 많죠?

부모님 용돈, 기왕이면 드리지 않는 것이 좋습니다.
(단, 부모님이 경제적 여유가 있을 경우!)

부모님이 경제적 여유가 있을 경우,
20만 원, 30만 원 용돈이 생활에 보탬이 많이 될까요?
물론 부모님 기분이야 좋으시겠지만
생활에 큰 보탬은 안 됩니다.

대신 본인의 저축력이 저하되고 결혼 등에 쓸 목돈을
모으는 데 상당한 영향이 갈 수 있습니다.

부모님께 경제적으로 자립한 모습을
보여 주겠다고 용돈을 드렸는데,
오히려 결혼 자금이 부족해서
나중에 역으로 지원받는 일이 생길 수도 있습니다.

이건 어떨까요?
용돈 대신 가끔 선물이나
월 10만 원씩 모아서 여행 보내 드리기!

"난 우리 아들이 매달 용돈 준다네, 허허"
"아~ 이 옷? 우리 딸이 사준 옷이야, 호호호"
"우리 아들딸이 이번에 제주도 여행 보내 줬잖아 하하!"

부모님이 경제적 능력이 있다면
오히려 더 편하게 자식 자랑할 수 있는 것이
용돈일까요? 선물일까요?

나중에 도움을 받더라도,
내가 할 수 있는 선에서 최선을 다해 돈을 모아야지
어설픈 자립심으로 부모님께 용돈 드리다가
나중에 더 큰돈을 바라는 것은 아닐지
생각하면 좋겠습니다.

저의 주관적 의견이니,
각자의 형편 및 신념 등에 따라
판단하시면 됩니다!

82

비상금은
필요 없다